筹码分布进阶

主力行为实盘分析

郑 葭 刘 伟◎编著

中国铁道出版社有限公司
CHINA RAILWAY PUBLISHING HOUSE CO., LTD.

图书在版编目（CIP）数据

筹码分布进阶 ：主力行为实盘分析 / 郑葭，刘伟编著. -- 北京 ：中国铁道出版社有限公司，2025. 9.

ISBN 978-7-113-32550-3

Ⅰ. F830.91

中国国家版本馆 CIP 数据核字第 20253QE062 号

书　　名：筹码分布进阶——主力行为实盘分析
CHOUMA FENBU JINJIE: ZHULI XINGWEI SHIPAN FENXI

作　　者：郑　葭　刘　伟

责任编辑：张　明　**编辑部电话：**（010）51873004　**电子邮箱：**513716082@qq.com

封面设计：宿　萌

责任校对：刘　畅

责任印制：赵星辰

出版发行：中国铁道出版社有限公司（100054，北京市西城区右安门西街 8 号）

网　　址：https://www.tdpress.com

印　　刷：河北燕山印务有限公司

版　　次：2025 年 9 月第 1 版　2025 年 9 月第 1 次印刷

开　　本：710 mm×1 000 mm 1/16　**印张：**11.5　**字数：**164 千

书　　号：ISBN 978-7-113-32550-3

定　　价：69.00 元

前言

筹码分布是炒股技术分析中的重要内容，它的构成比较复杂，分析手法多样，内含的丰富信息能够为投资提供助益。其中，最广为人知的就是筹码分布在分析主力仓位和意图上的作用。

相信买卖过股票的人们对主力这一名词并不陌生，主力往往是一些金融机构、银行、保险公司等，手握雄厚的资金，在某些关键时刻能够对价格形成影响，进而实现盈利。

由此可见，要想在股市中盈利，分析出主力意图并跟随主力进行操作是一种便捷路径，但过程却一点儿都不简单，投资者必须借助外部分析手段抓住主力踪迹，进而进行决策。

筹码分布的最大特点就在于能够显示投资者不同时期的成本分布情况，如果盘中有主力的仓位存在，投资者是有机会通过一些特殊形态或是特殊走势发现的。比如最为经典的低位筹码锁定形态，就是主力在建仓后等待时机，当前价格并未达到其出货目标的看涨形态。

而当主力即将出货时，筹码分布中也会呈现出相应的信息，比如低位筹码快速向上移动形成密集区，就说明主力的低价仓位在迅速兑利出局，后市股价走势不容乐观。

这些都是通过筹码分布来分析主力意图的手段，除此之外，投资者还要注意其他技术指标和 K 线的表现，综合得出的结论会更加可靠。不过，由于筹码分布较为复杂，投资者在学习时还是需要先筑牢基础，再循序渐进地向高阶内容迈进。

本书内容共六章，分别讲述了以下内容：

第 1 章讲述筹码分布的基本原理与界面布局、数据含义、常见形态等，打好基础。

第 2 章讲解主力的不同操盘阶段及对应的筹码特征。

第 3 章解析主力在建仓期与拉升期的筹码分布表现，进行初步的实战演练。

第 4 章讲解主力震仓期与出货期之间的区别，分析筹码分布的不同特征。

第 5 章结合筹码分布与常见技术指标，更精确地定位操作点。

第 6 章为筹码分布各项理论融合起来的实战章节，详细讲解抓住主力操盘的关键节点。

为保证可读性和理论可行性，本书采用彩版印刷，并绘制了详细的技术示意图。同时，每一个理论下都附带有真实的实例分析，图文并茂、标注详细，力求每一位读者能够读懂、看懂、学懂。

最后，希望所有读者通过对本书中知识的学习，提升自己的炒股技能，收获更多的投资收益。但任何投资都有风险，也希望广大投资者在入市和操作过程中谨慎从事，规避风险。

编　者

2025 年 7 月

目　录

第5章 多角度确定主力筹码可靠性

第1章

筹码分布基础与界面详解

筹码分布是一种实战性极强的技术分析对象，它直接反映了市场中投资者的成本分布情况和移动情况，尤其反映了主力的仓位转移情况。本章就从筹码的本质和基础界面入手，向读者介绍其各项数据的含义和用法。同时，这里要提醒投资者的是，书中内容仅从知识的角度入手分析，实战中需结合多项因素综合决策。

1.1 筹码分布原理及数据

相比起投资者常用的成交量、均线等技术或技术指标来说，筹码分布更为复杂，其中包含的信息量更大。但也正因如此，投资者更有机会从中窥探到主力的一举一动，进而跟随操盘，提高获利概率。

不过，在分析主力意图之前，投资者需要先对筹码分布进行一个全面、深入的了解，以便能够在实战中更好地使用。

1.1.1 筹码分布如何使用

筹码分布也叫流通股票持仓成本分布，是通过计算一定时间内股票的最高价、最低价及成交量，输出对应价格成交量占整个流通盘比值的分布图形。简单来说，筹码分布显示了不同价格上的仓位数量，而图中所有的仓位数量加起来就是个股流通盘的数量。

由此可见，当股价产生震荡时，由于市场预期的变化和投资者的资金流动，不同价格上的筹码数量会顺势移动到新的价格线附近，或是停留在原地，这就为投资者的分析提供了基础。

下面通过一个简单的例子来说明筹码是如何移动的。

实例分析 国华网安（000004）（现 *ST 国华）筹码移动解析

图 1-1 为国华网安 2024 年 8 月至 11 月的 K 线图。

筹码分布图中的筹码形态会根据十字光标所指示的交易日实时变更，因此，投资者可以通过这种方式便捷地查看价格变动过程中筹码的移动过程。

在图 1-1 中可以看到，十字光标所指示的日期是 2024 年 9 月 18 日。这个时候股价正处于横盘后期，在前面的近一个月时间内，价格几乎都被压制在 12.00 元价位线下方，其间震荡幅度较小。

这也导致了大量交易在此价位线附近形成，因此，在右边的筹码分布图中，筹码就大量集中在该价位线附近，并形成了一个比较尖锐的山峰，这是筹码密集的表现。而在 9 月 18 日之后，股价形成了连续的涨停，最终于 9 月 24 日在靠近 18.00 元价位线时才开板交易并小幅回落。

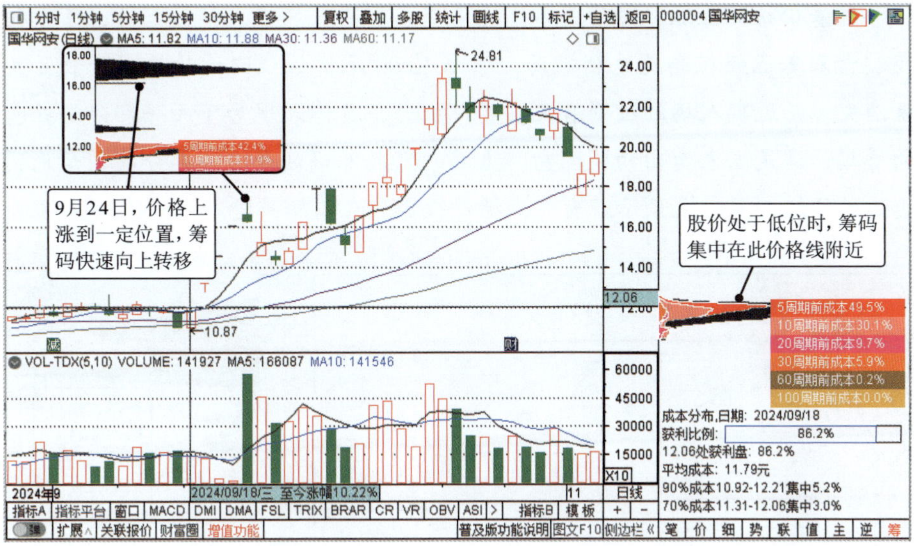

图 1-1 国华网安 2024 年 8 月至 11 月的 K 线图

将十字光标移动到 9 月 24 日的 K 线上，投资者就可以看到当日的筹码分布表现。此时筹码分布图中显示有一个尖锐的黑色山峰（这里需要提醒投资者，不同的炒股软件有不同的颜色方案，且都有深色模式和浅色模式，这可能导致线状成本分布图中的筹码线呈现出不同的颜色。本书所示的筹码分布图是基于通达信的浅色模式显示）形成于 18.00 元价位线下方，这代表近期有一大批投资者在该价位线附近交易，此处的仓位分布比较密集。

而下方 12.00 元价位线附近仍然有一部分筹码没有移动，这说明另一部分场内投资者没有着急在此卖出，而是继续以原来入场的价格持有，等待后续更多的盈利机会。由此投资者就可以看出场内成本的分布变化情况。

下面再来看股价转入下跌后筹码分布图的表现。

图 1-2 为国华网安 2024 年 10 月至 12 月的 K 线图。

图 1-2 中十字光标指示的日期是 2024 年 10 月 22 日，观察右侧的筹码分布图可以发现，当价格来到 24.00 元价位线上方之后，下方原本聚集在 12.00 元价位线附近的筹码几乎已经全部上移。其中，大部分筹码聚集在 20.00 元到 24.00 元的价格区间内，另一部分则聚集在 14.00 元到 20.00 元的价格区间。

这又说明什么呢？相信投资者已经可以举一反三了。

随着价格的上涨，投资者不断向上交易，将入场成本持续抬升，下方的获利盘基本已经在高处兑利撤离，所以12.00元价位线附近的筹码峰散开甚至消失。而近期入场的投资者又在等待机会，具体表现为下面一部分呈红色的筹码，这是尚未卖出的获利盘。上面的黑色筹码则是另一部分获利盘兑利卖出的痕迹，同时也预示着有大批场外投资者在高处买进。

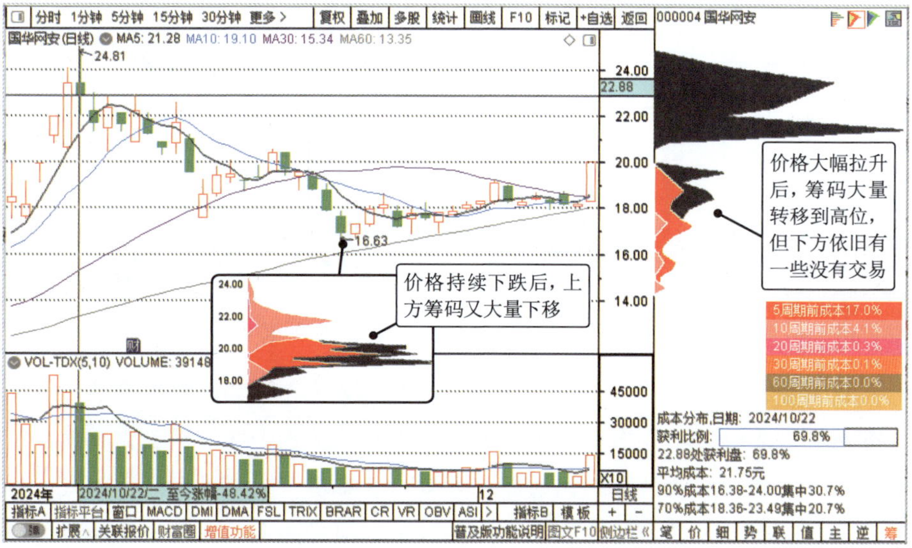

图1-2　国华网安2024年10月至12月的K线图

在此之后，价格进入了持续的下跌阶段，一直落到16.00元价位线附近。这时候将十字光标移动到当前位置，观察筹码分布图可以发现，原本聚集在20.00元到24.00元价格区间内的筹码已经大量转移到了18.00元到22.00元的价格区间内。这说明随着价格的下跌，上方被套盘开始分批止损卖出，入场成本快速下降，筹码聚集的重心自然也会下移。

此时投资者不难发现，在高处依旧有一部分筹码留存，其中包含了一些惜售的被套盘，以及长期看好该股的中长线看多盘，等待下一波上涨的到来。

以上就是筹码随着价格移动的过程解析，从这些图中投资者可以发现，筹码分布图中的筹码不仅形态多样、颜色丰富，下方还包含许多数据。其具体含义是什么呢？后面章节会进行具体讲解，这里不再赘述。

1.1.2 线状成本分布图

线状成本分布图是筹码分布图的三大图形之一，整体结构简单，内容清晰，初学者可以从这一图形入手开始进行筹码分析。

调出该图形很简单，以通达信炒股软件为例，投资者进入任意个股的 K 线图中，单击右上方的“显隐行情信息”按钮或按【Ctrl+L】组合键调出右侧数据窗口，再选择右下角的“筹”选项或按【Ctrl+U】组合键，即可切换至筹码分布图界面，如图 1-3 所示。

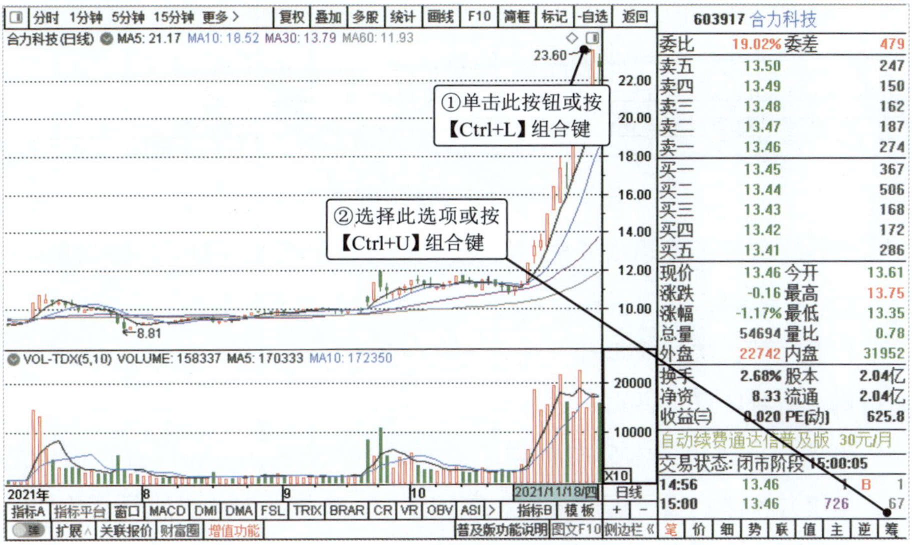

图 1-3 调出线状筹码分布图

随后，投资者单击筹码分布图界面右上方的对应按钮，即可快速切换筹码分布的三大基本图形，其中的第一个按钮就代表着线状成本分布图，如图 1-4 所示。

从图 1-4 中可以看到，线状成本分布图中展示的筹码线颜色分别为黑色、蓝色和绿色。筹码分布的颜色区分自然有其意义。黑色部分表示在当前股价下处于亏损的筹码，即持股成本高于当日收盘价的筹码，属于被套牢的状态，往往被称为套牢盘。

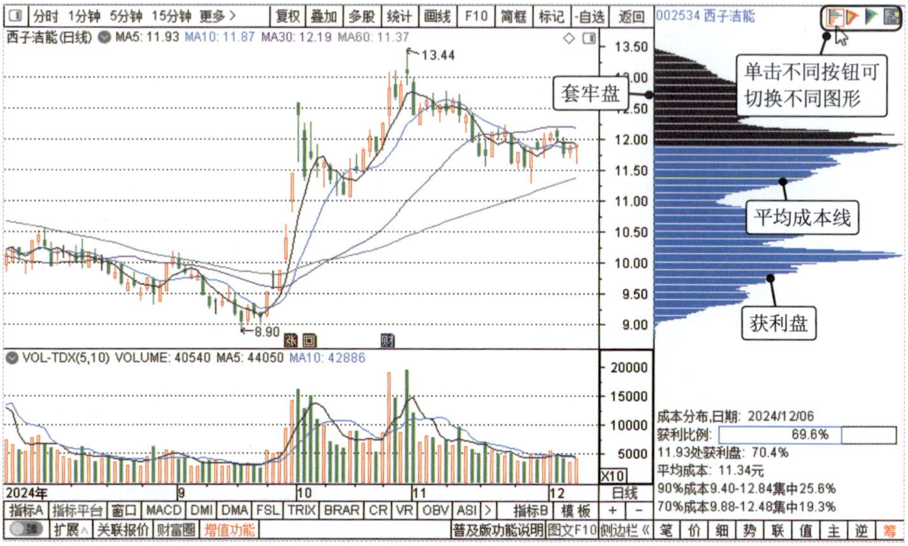

图 1-4　线状成本分布图的含义

蓝色部分显示在当前股价下处于盈利状态的筹码，即持股成本低于当日收盘价的筹码，属于正在获利的状态，也被称作获利盘。

除此之外，线状成本分布图中还有一条不显眼的绿色柱线，它表示当前市场上所有持仓筹码的平均成本。

虽然这个线状成本分布图与上一节案例中的筹码分布图存在很大差异，但这并不影响投资者的分析。在该图中，蓝黑线条的纵轴代表价格，与 K 线图中显示的价格相对应；横轴代表持仓筹码在这一价位的比例，即个股市场中的投资者在该价格上建仓的持股量占该股总流通盘的百分比。

这种基础图形只显示筹码的数量和市场获利比例，并不能体现出时间性，即筹码是何时转移、何时形成的。因此，投资者很难从中判断出主力仓位的移动情况，这时候就需要借助远期移动成本分布图了。

1.1.3　远期移动成本分布图

远期移动成本分布图可通过单击筹码分布界面右上方的第二个按钮进行快捷切换，它是本书要重点讲解的图形，具体如图 1-5 所示。

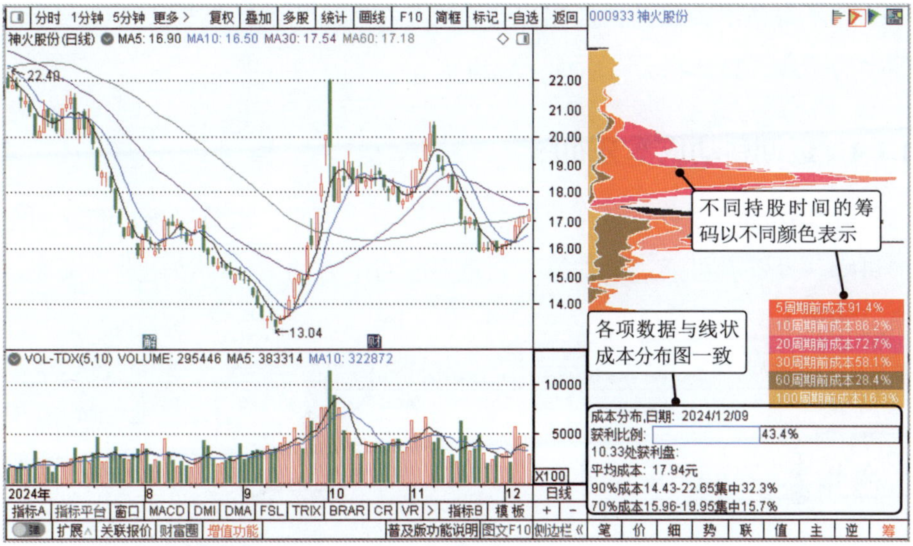

图 1-5　远期移动成本分布图

这是神火股份的筹码分布图，其中包含了从黄到红再到黑的多种颜色，整体看来仿佛跃动的火焰，因此，也被称为火焰山。

不同的筹码颜色代表着不同的持股周期，图中右下角的小窗口展示了具体的对应关系。时间越近，颜色越红；时间越远，颜色越黄。比如 5 周期前的成本分布显示为大红色，100 周期前的成本分布就是黄色。

图中还有一些黑色筹码，它们代表着 5 周期内的成本分布，也就是超近期的筹码，它是对远期移动成本分布图的一种补充，方便投资者观察超近期筹码的移动情况。

这里的筹码周期并没有被限定，它是根据 K 线图的周期变化的。如果 K 线图的周期是日，那么 5 周期内的成本分布就代表着 5 日内的成本分布。如果 K 线图的周期是月，那么 5 周期内的成本分布就会代表着 5 月内的成本分布。

需要注意的是，由于各个时间段的筹码叠加的原因，其色彩图也是叠加的。比如 30 周期前的成本分布包含了 60 周期前的成本分布，那么除了它自身的颜色区域外，60 周期前的成本分布颜色区域也属于其覆盖范围。

除了颜色不同以外，远期移动成本分布图下方的数据与线状成本分布图中的一致，具体将会在后续详细讲解。

1.1.4 近期移动成本分布图

近期移动成本分布图在实战中并不常用，因此，本节只进行简单的图形讲解。投资者可通过单击筹码分布界面右上方的第三个按钮进行快捷切换，如图 1-6 所示。

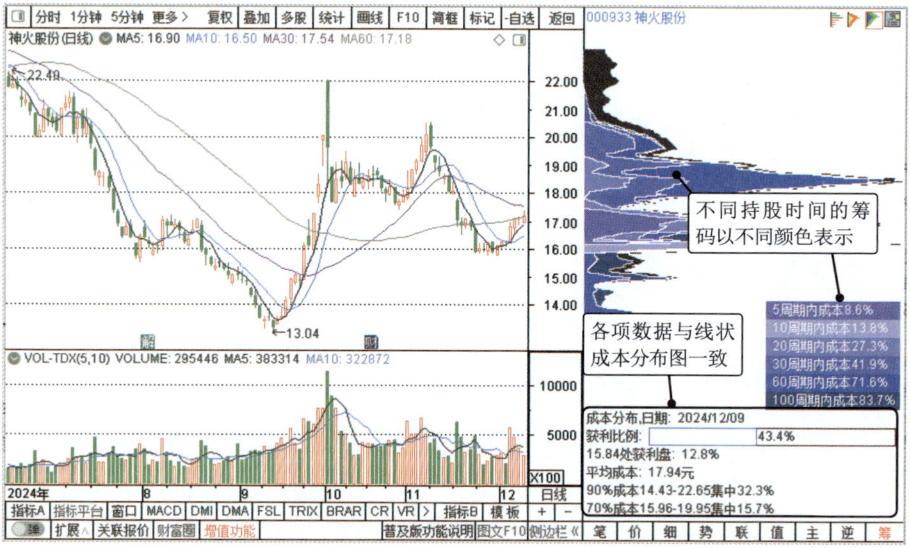

图 1-6 近期移动成本分布图

近期移动成本分布图其实就是把远期移动成本分布图中的筹码时间周期稍作改变，将周期前改成了周期内，主要体现近期个股的交投活跃情况，因此，又称为活跃度移动成本分布图。

从图 1-6 中可以看到，近期移动成本分布图中的色彩由浅蓝到深蓝的过程中。筹码时间越短，蓝色越浅；时间越长，蓝色越深。默认数据下，近期移动成本分布图显示了 5 周期内、10 周期内、20 周期内、30 周期内、60 周期内及 100 周期内的成本分布。

同时，近期移动成本分布图中色彩叠加的原则与远期移动成本分布图近似，下方的数据构成也与其他筹码分布图的数据构成一致。

1.1.5 筹码分布的数据含义

筹码分布图中的数据窗口是通用不变的，下面通过图 1-7 来分别展示每一行数据的含义。

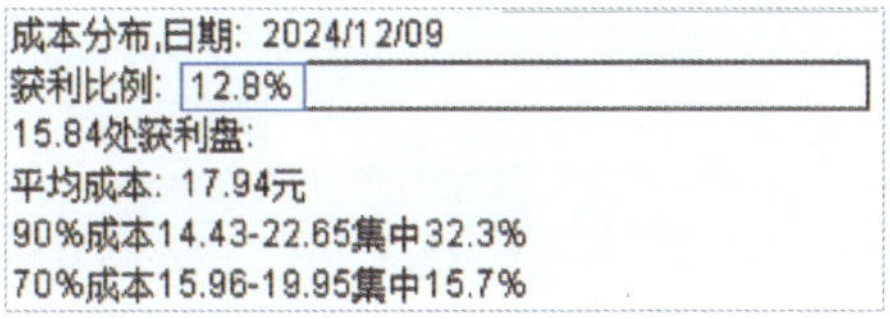

图 1-7 筹码分布图数据窗口

第一行：成本分布日期。鼠标光标指向哪一根 K 线，就显示哪一个日期及对应的筹码分布图形。

第二行：获利比例分布。右侧黑框白底部分表示套牢，左侧蓝框白底部分表示获利，框中的数字表示以当日收盘价为参考点，在收盘价以下的筹码占总筹码的百分比。

第三行：×× 处获利盘 ××%。此行数值表示将鼠标光标移动至任意 K 线对应的价位线时，在此价位线以下的筹码占总筹码的百分比。在具体运用中，投资者可以通过移动光标来测量任意价位的获利盘比例，比如将光标与线状成本分布图中的绿色横线（即平均成本线）重合，其显示的获利盘比例应为 50%，显示的价格与“平均成本”一致。

第四行：平均成本。其含义为将市场所有价位的价格压缩成一个价格时的位置，在平均成本上方有 50% 的筹码，下方同样有 50% 的筹码。

第五行：90% 成本。表示的是 5% 和 95% 这两个获利比例的价位区间。数值越低，表示筹码越集中；数值越高，表示筹码越分散。

第六行：70% 成本。表示的是 15% 和 85% 这两个获利比例的价位区间。数值越低，表示筹码越集中；数值越高，表示筹码越分散。

在这六行信息中，获利比例分布和筹码集中度是比较重要的数据，能够帮助投资者分析出市场向好程度及当前场内主力控盘的程度。

1. 获利比例分布

获利比例分布是出现在筹码分布图下方的一项数据，显示为一个方框形态，其中，右侧黑框白底部分表示高于收盘价的套牢持仓比例，左侧蓝框白底部分表示低于收盘价的获利持仓比例。

一般来说，获利比例越高，市场中盈利的投资者就越多，或者说盈利的筹码就越多。相反，获利比例越低，市场中大部分的盘面就会处于亏损状态，对于股价的涨势来说非常不利。

但这也是相对而言的，如果前期一只股票的获利比例就比较高，比如达到了 90%，那么当后续价格稍许回落，获利比例来到 60%，单看起来似乎盈利面更大，但实际上价格是在下降的，并且后续可能还会持续下跌。因此，投资者不能直接将获利比例分布当作后续价格涨跌的依据来使用。

下面通过一个案例来简单分析获利比例分布的用法。

实例分析　逸豪新材（301176）获利比例分布的简单应用

图 1-8 为逸豪新材 2024 年 1 月至 5 月的 K 线图。

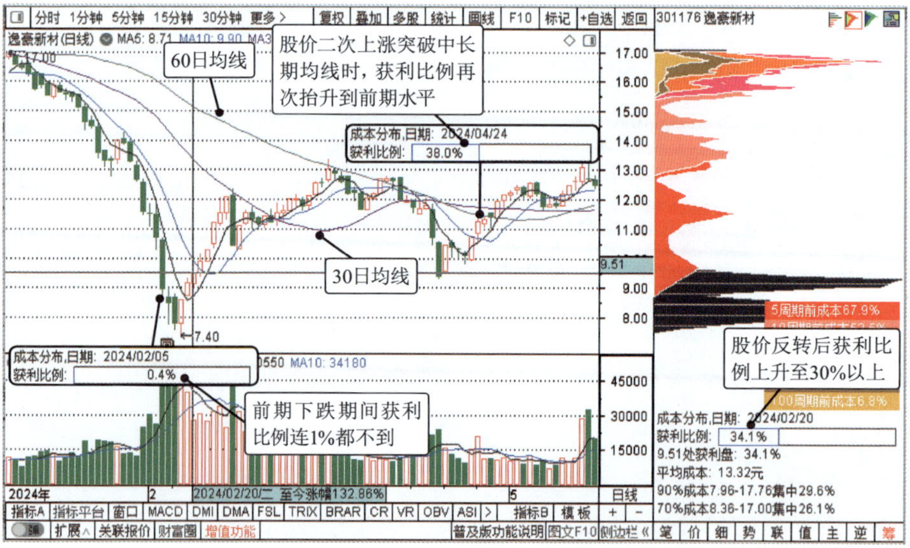

图 1-8　逸豪新材 2024 年 1 月至 5 月的 K 线图

先来观察逸豪新材前期的走势。在 2024 年 1 月期间，可以看到 K 线基本上都保持着阴线状态，尤其到 1 月底，下跌速度越来越快，说明市场做空情绪空前强烈。

观察下跌期间的获利比例分布可以发现，到 2 月 5 日，仅有 0.4% 的盘面在获利，这对于投资者来说自然是很不利的。那么近期场外投资者就不可以轻易买进。

不过，投资者若是仔细观察下方的成交量可以发现，随着价格的持续下跌，量能反而在不断上升。这就说明市场中有一股资金在刻意交易压价，不排除是主力出手的可能。

主力在这种下跌行情中压价的目的很可能是快速吸纳廉价筹码，降低持股成本，以便在后续股价上涨的过程中赚取更多收益，同时，这也预示着近期可能会有一波拉升。因此，从整体来看，该股当前短期看跌，但长期看好，投资者可手握资金等待反转。

进入 2 月后不久，股价于 2 月 8 日在 7.40 元的位置触底后开始反转上升，K 线持续收阳成功突破两条短期均线。观察这时候的获利比例分布，投资者可以发现，在 2 月 20 日，获利比例数据上升到了 34.1%，相较于前期 0.4% 的获利比例来说，已经有了长足的进步。再加上投资者前期对主力行为的分析，这时候的上涨明显是一个买进信号，投资者可尝试跟进。

从后续的走势中可以看到，随着时间的推移，价格不断上升，在震荡中突破了 30 日均线，来到 60 日均线附近。但这一次股价没能继续向上突破，而是沿着 60 日均线的下行轨迹震荡下降，一直在 4 月中旬落到 9.00 元价位线上方不远处才止跌并继续回升。

在这次回升的过程中观察筹码分布图可以发现，获利比例在 4 月 24 日再一次来到了 30% 以上，与前期股价第一次反转时的获利比例分布数据相似。并且当前价格正处于突破中长期均线的关键时期，后续还是很有上涨机会的，在场外观望的投资者需要抓住机会。

下面继续来看后续的走势。

图 1-9 为逸豪新材 2024 年 3 月至 8 月的 K 线图。

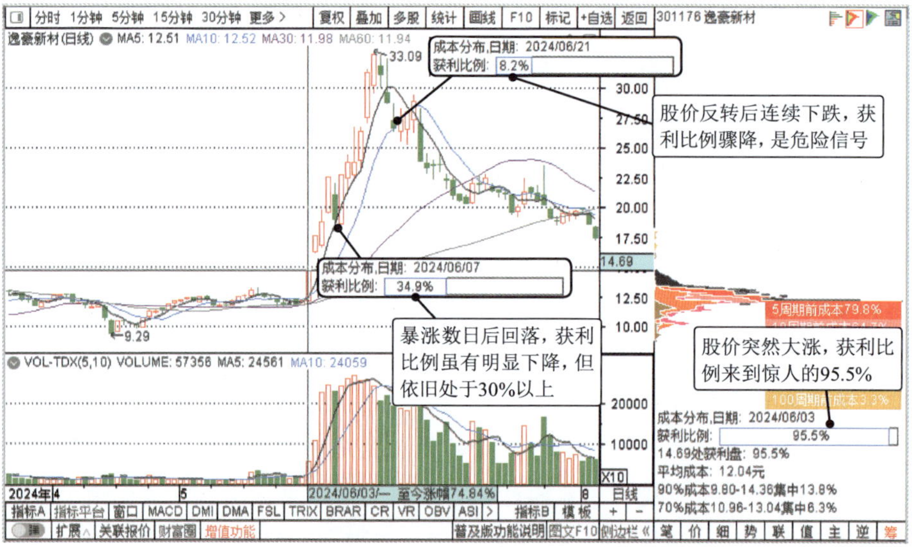

图 1-9 逸豪新材 2024 年 3 月至 8 月的 K 线图

从图 1-9 中可以看到，2024 年 5 月初，股价成功突破两条中长期均线后，开始在上方不远处横向震荡，整体比较平稳。但进入 6 月后，股价突然在成交量的放量推动下出现单日暴涨，6 月 3 日的超长阳线一举将获利比例拉到了惊人的 95.5%，后续价格更是持续抬升至 22.50 元价位线附近才在 6 月 7 日短暂收阴整理。

收阴当天的获利比例下降至 34.9%，虽然相较于拉升初始的 95.5% 来说有明显缩减，但是从之前观察到的股价每一次上升突破关键线时的获利比例数据来看，这依旧是一个安全数据。并且价格也仅仅向下接触到了 5 日均线，并没有跌破的迹象。因此，投资者可以不着急卖出。

事实也确实如此，随着时间的推移，股价开始继续大涨，一路冲到了最高 33.09 元的位置。但此后价格就连续三日快速下跌，并在 6 月 21 日落到 10 日均线上。观察此时的获利比例可以发现，盈利数据已经大跌到 8.2%，明显是反转危险信号。再加上后续价格虽有上涨，但没能突破前期高点的走势，这一波行情很可能即将结束，获利投资者注意及时卖出，以保住前期收益。

2. 筹码集中度

筹码集中度位于筹码分布图数据窗口的最下方，也叫筹码分布集中度，反映一定比例的筹码在某一成本范围的聚合程度。简单来说，就是在某一价格区间内聚集了市场中的多少筹码。

筹码集中度一般显示为“90% 成本 ××-×× 集中 ××%”及“70% 成本 ××-×× 集中 ××%”，其含义是有 90% 或 70% 的筹码集中在对应的价格区间内，集中度为“××%”。

筹码集中度的数值越低，说明市场中的股东越少，大多数筹码聚集在机构或主力资金的手中，机构买卖股票的一致性强；筹码集中度数值越高，说明市场中的股东越多，筹码大多分布在散户手中，单一资金量不大，很难形成一致性的推动力。

实际上，筹码集中度最重要的作用就是用于观察主力的控盘程度和成本分布情况，判断主力何时入场，又在何时有出货迹象。

下面依旧通过案例的形式来学习。

实例分析 **深中华 A（000017）筹码集中度的简单应用**

图 1-10 为深中华 A 在 2023 年 7 月至 2024 年 1 月的 K 线图。

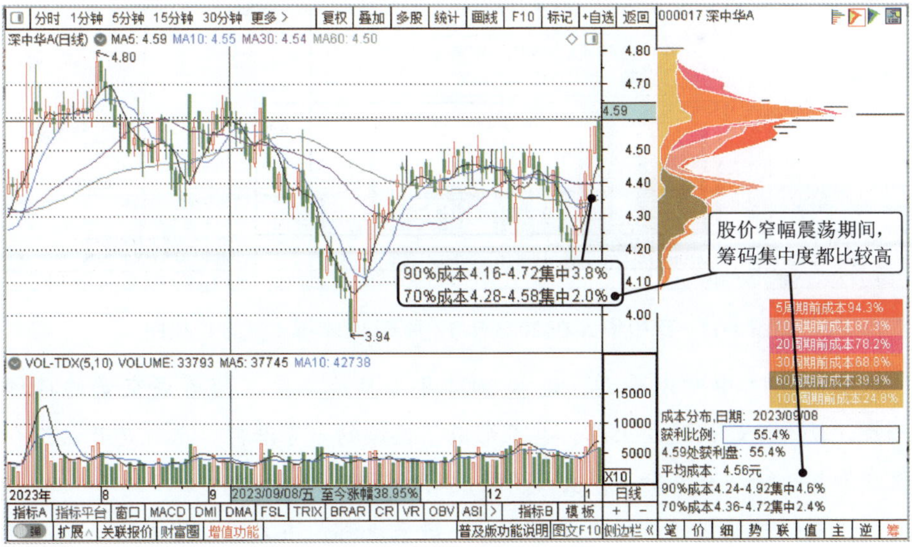

图 1-10 深中华 A 在 2023 年 7 月至 2024 年 1 月的 K 线图

从图 1-10 中可以看到，该股在图示几个月内几乎一直保持着不稳定的震荡状态。看似价格震荡幅度较大，但实际上，右侧的纵轴价格间隔仅有 0.10 元。这说明市场中的交易并不频繁，投资者活跃度不高。

观察这一期间的筹码集中度投资者可以发现，在 9 月初时，90% 和 70% 的筹码成本集中度数据都很低。也就是说，当时的筹码集中程度非常高，大概率是有主力手握筹码在等待时机。

经过一系列波动后，再看 2024 年 1 月初的筹码集中度可以发现，集中度数值还降低了一些，可能是因为部分散户彻底清仓出局，主力在继续收纳筹码。在无法判断后期走向的情况下，外部投资者最好先观望一段时间。

下面看后续走势如何。

图 1-11 为深中华 A 在 2023 年 12 月至 2024 年 4 月的 K 线图。

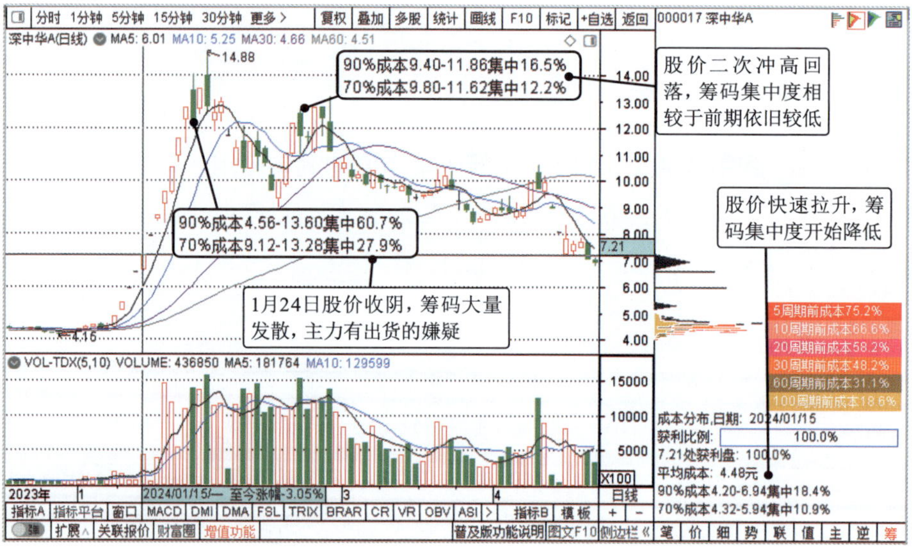

图 1-11　深中华 A 在 2023 年 12 月至 2024 年 4 月的 K 线图

从图 1-11 中可以看到，进入 2024 年 1 月后不久，随着成交量的持续增长，股价开始快速向上涨，甚至形成了连续的一字涨停，也就是开盘价和收盘价都维持在涨停价上，全天价格没有跌下过涨停板。

这是一种非常极端的上涨形态，一般来说都是主力推动形成的，与前期投资者从筹码集中度中分析出来的形势一致。

当 1 月 15 日价格开板交易后，筹码集中度数值明显上升，也就是说，筹码在分散，主力手中握有的仓位开始减少，外部散户大量进入。不过根据价格的表现来看，还没有到主力彻底出货的程度，因此，投资者可以继续持有。

随着后续价格的持续上升，筹码集中度数值在不断拉高。当价格在 1 月 24 日冲到 14.00 元价位线并出现一次明显收阴下跌时，当日的 90% 筹码集中度数值上涨到了 60% 以上，说明主力正在大量散出筹码。受此压力，后续价格很可能会出现反转，投资者一定要注意规避风险。

数日后，价格果然开始快速下跌，并落到 10 日均线下方。虽然该股后期在 30 日均线上得到支撑重新上升，但是二次拉升的高度明显不如前期。

且在股价二次冲高价格又一次收阴下跌时，筹码集中度数值还是很高，说明主力可能有再次收拢并二次抛盘获利的行为，投资者最好跟随卖出止损，否则可能会在后续的下跌行情中遭受较大损失。

1.2 筹码分布的常见形态

筹码分布看似杂乱无章，实则有迹可循，尤其是其中的某些特殊形态出现在特殊的行情位置时，将会给投资者带来极为有效的预警信息。

若将其大致分类，筹码分布的常见形态主要包含密集形态和发散形态。

在密集形态中，存在高位密集形态与低位密集形态，同时有特殊的低位锁定形态及筹码单峰形态；而在发散形态中，又包含向上发散形态和向下发散形态，发散过程中还可能形成双峰形态或者多峰形态。

这些形态都是投资者在筹码分布实战中极为常见的，本节就将分别对其进行详细阐述，帮助投资者在学习进阶分析内容之前打好基础。

1.2.1 筹码分布密集形态

筹码分布的密集形态实际上就是市场中的大部分筹码都聚集在某一价格区间内的特殊状态，比较常见于高位及低位横盘后期。前者被称为高位密集，后者是低位密集，如图 1-12 所示。

需要注意的是，图 1-12 中只是简单绘制了筹码密集的形态，并不意味着筹码密集就一定要所有的筹码都聚集在当前位置。

在有些时候，如果价格上涨或下跌的速度过快，可能有一部分筹码依旧停留在原先的位置没有及时买卖。这种情况下，只要当前价格区间内的筹码聚集程度较高，也可以称为密集状态。

技术图示 筹码的高位与低位密集形态

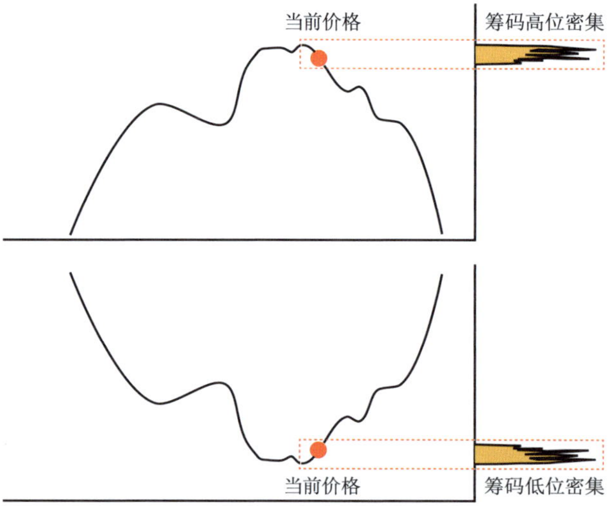

图 1-12　形态示意图

筹码的密集成因其实很好理解，就以上涨高位为例，当价格来到某一压力线附近时开始横盘震荡，难以突破。

这时场内盈利的投资者可能会想到先卖出止盈，场外观望的投资者又会因为前期价格的持续上升而看多该股，进而在价格暂停上涨的过程中抓住时机买进。

这就使得越来越多的交易在此价格区间内完成，越来越多的筹码被集中在当前价位线附近，使得右侧的筹码分布图中呈现出高位的密集状态。

相反，当价格下跌到一定程度后企稳横盘，场内被套盘会趁着下跌暂停的时机迅速止损卖出。而场外一直在等待时机的投资者又可能会因为自己的看多判断而入场抄底，也会导致越来越多的筹码被集中在当前价格区间内，形成低位密集。

在大多数时候，只要股价符合一定的涨跌规律，筹码的高位密集和低位密集都能够传递出一定的预警信号。

比如筹码高位密集可能意味着前期持仓的主力正在大量出货或是刻意压价震仓，强大的抛压在此形成，短期内价格可能出现回调。如果价格跌破了中长期均线，那可能就是行情在反转。因此，这是一种危险的预警信号，投资者必要时需提前离场止盈。

而筹码低位密集则意味着有大量看多的筹码（或者说是主力的大批量仓位）聚集在低位预备拉升，价格在后续有上涨的可能，是一种看多信号，投资者可等待价格正式上升后再迅速介入。

下面通过两个案例来深入解析。

实例分析 **平潭发展（000592）上涨顶部的筹码高位密集分析**

图 1-13 为平潭发展 2024 年 10 月至 2025 年 3 月的 K 线图。

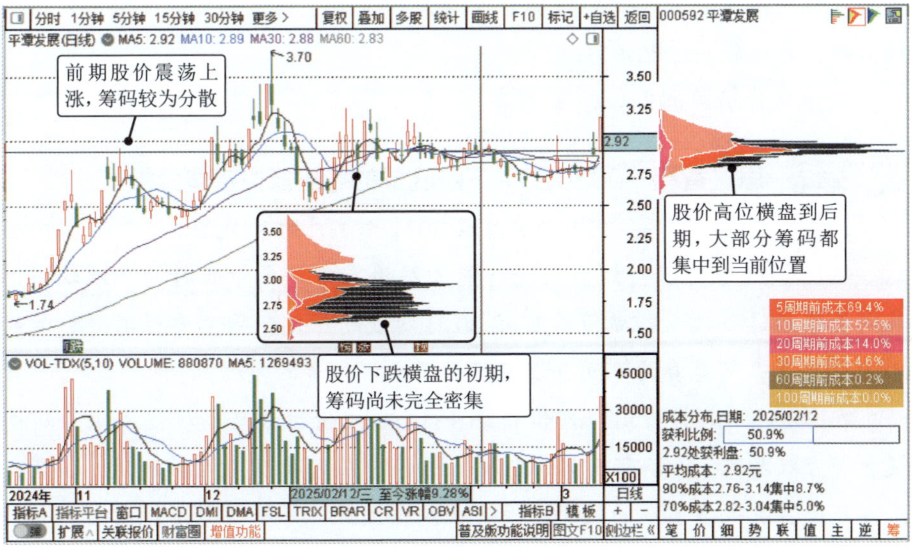

图 1-13　平潭发展 2024 年 10 月至 2025 年 3 月的 K 线图

先来看平潭发展的前期走势，在 2024 年 10 月至 12 月中旬期间，中长期均线几乎都保持着积极的上扬形态，并且二者距离较远。同时，K 线震荡上升，说明当前涨势积极，市场中有大量投资者正在参与推动，是一个很好的盈利机会。

然而，当价格在 12 月中旬来到 3.70 元的阶段最高价后，很快便出现回调下跌，低点跌破 30 日均线后在 60 日均线上得到支撑，然后继续收阳回升。

在股价回升震荡的过程中，观察筹码分布图可以发现，有大量黑色的近期筹码聚集在 2.50 元到 3.00 元的价格区间内，说明近 5 日内有大量交易在此完成。

尽管上方仍有部分 10 日前的筹码留存，但筹码整体已经呈现出了密集形态，且当前价格位置较高，投资者需要谨慎对待。

随着时间的推移，到 2025 年 2 月初，股价依旧踩在 60 日均线上震荡，但是高点在持续下移，整体呈现出高位横盘滞涨的状态。并且筹码分布图中显示，原本分散在上下方的筹码基本上都已经聚集到当前价位线附近，形成了显著的高位密集形态。

这将对价格的上升造成很大的压力，短期内可能会出现下跌甚至是反转，风险承受能力较低的投资者可以先行卖出兑利，如果后续价格能够继续上涨，再重新买进也不迟。

接下来分析筹码低位密集形态。

实例分析 思进智能（003025）下跌底部的筹码低位密集分析

图 1-14 为思进智能 2023 年 8 月至 2024 年 1 月的 K 线图。

从图 1-14 中可以看到，思进智能的股价在前期处于长时间下跌状态，其间价格经过多次反弹都没能突破 30 日均线的压制，更不要说离得更远的 60 日均线了，可见在此期间并没有什么适合投资者的盈利机会。

在 2023 年 10 月中旬，当价格跌下 12.00 元价位线后，观察筹码分布图投资者可以发现，已经有不少近期筹码聚集到了 12.00 元价位线附近。但是，上方还是留有很多前期的被套盘没有出局，因此，筹码整体呈现出较为分散的状态，低位密集形态没有成形，就算是投资者想要抄底也不能在这个时候买进。

不过当价格在 10.76 元的位置触底后，形成的反弹成功突破了两条中长期均线。这就使得大量前期被套盘趁此机会卖出止损，而场外看多的投资者又跟随抄底买进，不少筹码聚集在当前价位线附近，形成了低位密集形态，且随着股价在 12.00 元价位线上方的持续震荡而越来越清晰。

到了 2023 年 12 月中下旬时，低位密集的筹码已经对价格形成了一定的支撑作用，股价并没有跌破 12.00 元价位线，而是在此附近横盘震荡，直到 12 月底之后被突然放大的成交量推动形成一波快速拉升。

这时候，一直处于观望的外部投资者或者是提前买进的抄底投资者都可以尝试建仓或加仓，以抓住后续涨幅。

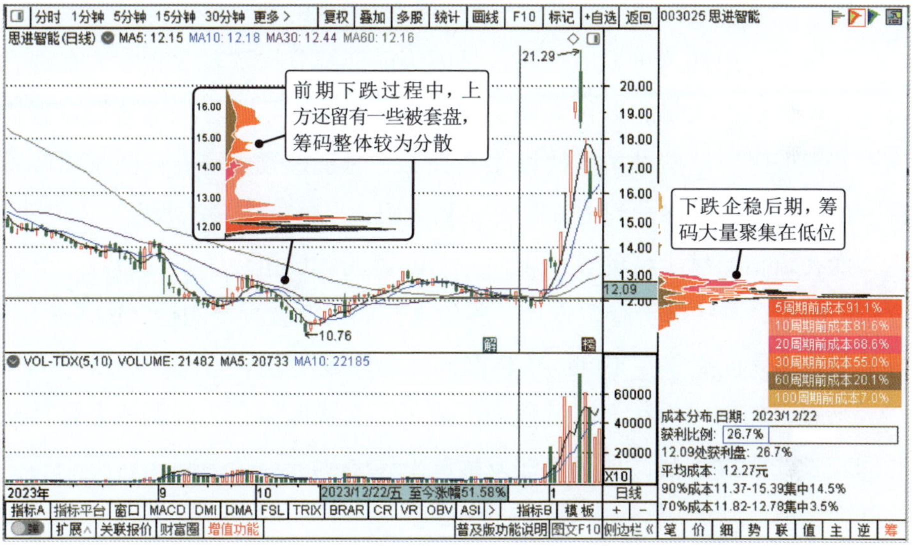

图 1-14　思进智能 2023 年 8 月至 2024 年 1 月的 K 线图

1.2.2　筹码分布发散形态

筹码的发散形态与密集形态是相对的，如果说筹码密集形态是因为股价长期在某一位置横盘震荡，导致交易都在此价格区间内进行，那么筹码发散形态就是股价从稳定的走势突然转为了快速上涨或者快速下跌，导致交易在各个价格区间内分散开来的状态。

根据不同的发展方向，可分为向上发散和向下发散，分别对应股价的上涨和下跌。图 1-15 中展示的就是当价格在低位止跌后持续上涨时，筹码出现的向上发散形态。

技术图示 筹码向上发散形态

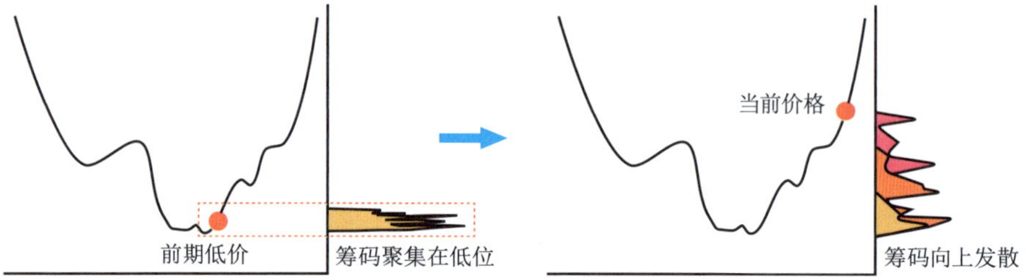

图 1-15　形态示意图

之所以会出现这种发散形态，是因为前期部分投资者或者主力在建仓时，可能会购入大量的低价筹码。当价格转为上涨，并且这部分投资者持续看好该股时，这些低价筹码就不会在某一时期被彻底清仓，而是可能留存一部分，等到价格升到更高时再兑利卖出，以换取更多的收益。

而在价格持续上涨的过程中，一些回调的低位也会给投资者建立低价仓位的机会，这些低价仓位也会在股价上升到投资者满意的程度后才卖出，导致有许多筹码聚集在不同的价格区间内，形成发散形态。

当然，如果股价在上涨过程中形成了一次深度较大的回调或者是持续时间较长的横盘震荡，那么这些发散的低位筹码很可能会向上转移到震荡区间内，形成密集形态。

这个时候，投资者就要借助外部走势及其他的指标来判断该股是否还有上涨空间，进而决定如何买卖。

下面就来看一个股价上涨期间筹码向上发散的案例。

实例分析 华原股份（838837）上涨期间筹码向上发散

图 1-16 为华原股份 2024 年 8 月至 11 月的 K 线图。

从图 1-16 中可以看到，该股在 2024 年 9 月底之前持续了很长一段时间的低位窄幅震荡走势，其间中长期均线与 K 线纠缠在一起，几乎呈平行状态运行。成交量表现也比较平淡，说明市场活跃度不高，投资氛围较为冷淡。

观察这段时间内的筹码分布可以发现，由于长时间的横盘，市场中大部分的筹码都已经聚集在了当前价位线附近，进一步证实了大部分投资者都在等待机会。在这种情况下，投资者也很难判断出后市的发展方向，因此，未入场的投资者可以先在场外观望。

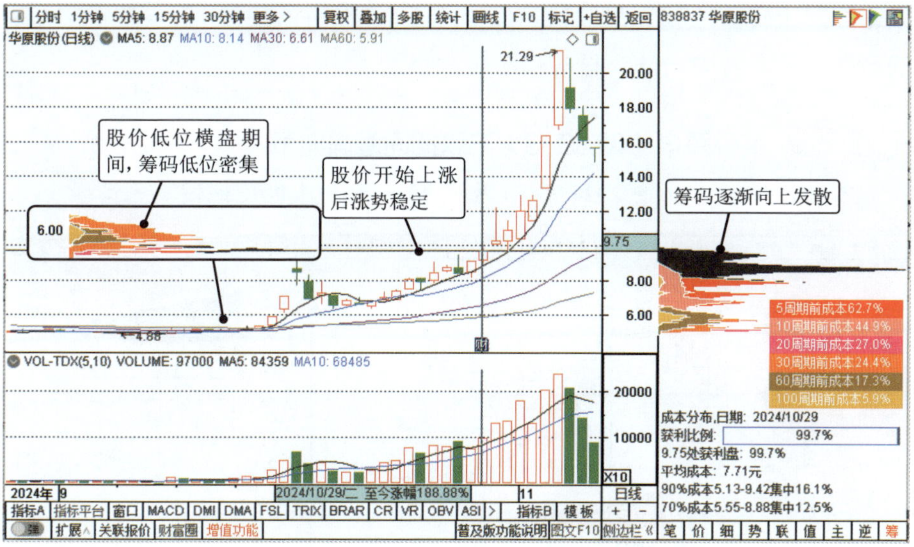

图 1-16　华原股份 2024 年 8 月至 11 月的 K 线图

10 月开市后，成交量开始放大，并推动股价迅速向上跳出了前期的压力区间，并在短时间内从 6.00 元价位线下方冲到了接近 10.00 元价位线的位置，可以说是上涨迅速。

而这种程度的上涨明显是主力才有能力推动形成，结合前期的低位密集来看，很可能代表着主力已经完成了低位吸纳建仓，正准备开启一波拉升，这个时候投资者就可以迅速跟进。

从后续的走势中可以看到，该股在 10.00 元价位线上受阻后形成了一波快速回调，K 线踩在 10 日均线上企稳后继续向上攀升。其上涨速度虽然没有前期快，但是稳定程度很好。

10 月底，股价又来到 10.00 元价位线附近。此时的筹码分布图中显示原本聚集在 6.00 元价位线附近的低位筹码尚未完全上移，但是随着价格的上涨，还是有不少低位筹码在交易，使得筹码向上发散。

这意味着市场活跃度开始提升，再加上股价明显有突破 10.00 元压力线的潜力，场外投资者完全可以迅速跟进，场内投资者也可以尝试加仓。

接下来分析一个筹码向下发散的案例。

至于向下发散形态，其实就是向上发散图形的翻转，即筹码从高位密集逐渐向下转移所致，是股价自然下跌形成的，往往预示着一波看空行情的到来，投资者应当结合自身情况决定是否卖出。

实例分析 美心翼申（873833）下跌期间筹码向下发散

图 1-17 为美心翼申 2024 年 10 月至 2025 年 1 月的 K 线图。

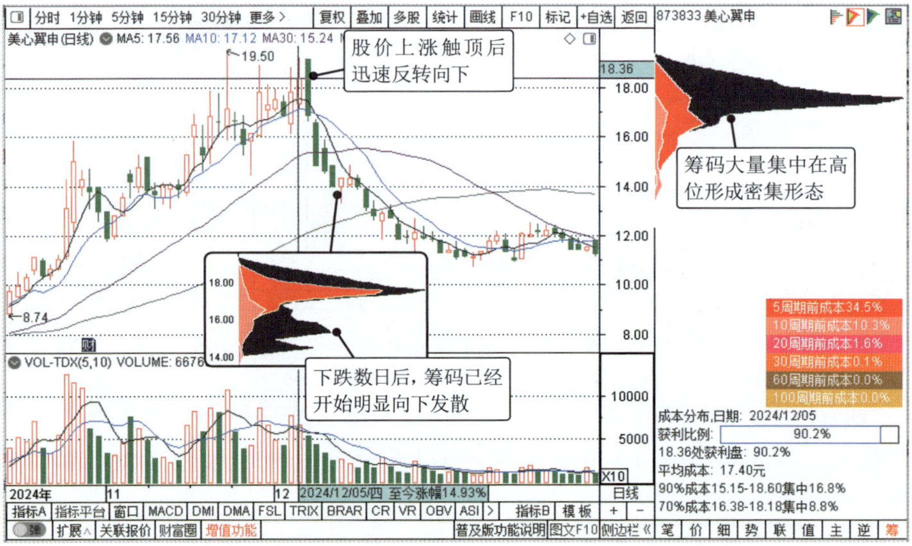

图 1-17　美心翼申 2024 年 10 月至 2025 年 1 月的 K 线图

从图 1-17 中可以看到，在 2024 年 10 月至 11 月期间，美心翼申的股价上涨幅度还是比较大的，并且稳定程度也很高，K 线距离中长期均线较远，其间有大量投资者被吸引进入场内盈利。不过当价格创出 19.50 元的最高价后，后续的上涨就没能突破前期高点，呈现出一种滞涨状态。

进入 12 月后，当价格在 12 月 5 日再一次在前期高点附近受阻时，观察筹码分布图可以发现，此时市场中大部分筹码都已经向上聚集到了 18.00 元价位线附近，并且大部分都是 5 日内的近期筹码。

这就说明有大量的盈利盘正在高位抛售，其中很可能也包括主力出货的筹码。这些抛售的筹码将会对价格的上涨造成极大影响，而结合次日股价收出长阴线的表现来看，该股很可能在后续进入下跌或深度回调，场内投资者要注意及时止损避让。

继续来看后面的走势可以发现，该股在连续收阴的作用下短短几日就跌到了 14.00 元价位线上，短期跌幅还是比较大的。

当其在该支撑线上企稳横盘时，观察筹码分布图可以发现，上方的近期筹码已经大量向下转移，证明有大量交易在下跌过程中进行。这些密集抛压会限制该股的向上发展，导致价格进入越压越低的恶性循环。再加上 K 线已经跌破 30 日均线的支撑，还未离场的投资者最好抓紧时间。

1.2.3 特殊的筹码锁定形态

筹码的低位锁定与筹码的低位密集形态息息相关。它是指当价格在低位横盘一段时间后，筹码聚集在低价区间内形成密集形态。后续随着价格的上涨，低位的一部分筹码向上发散开来，但仍有一部分牢固的筹码停留在原先的建仓位置，无论价格怎样波动都暂时没有离场的意愿，进而形成锁定，如图 1-18 所示。

技术图示 筹码低位锁定形态

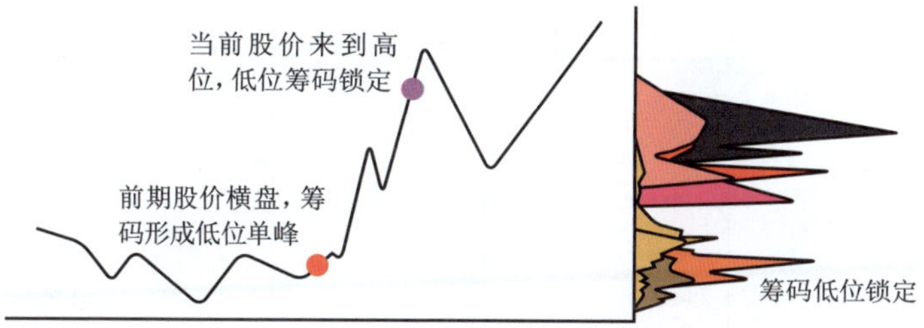

图 1-18　形态示意图

一般来说，低位建仓的筹码都会随着股价的上涨而逐步向上转移，股价上涨速度越快，这些筹码转移的速度也就越快。

但如果市场中的主力在某个低位有大量仓位，且后续还刻意拉出上涨走势时，该主力可能会因为当前价格没有达到预期高度而仅仅选择适当减仓，或者是完全不动前期的低价仓位，导致在股价拉升过程中仍有一部分筹码被锁定在之前的建仓位置。

由此看来，筹码低位锁定形态的含义也就很明显了，那就是只要主力不将低位锁定的筹码完全抛售，价格就还有上涨的潜力，投资者也依旧可以跟随持仓或者买进。

但一旦低位锁定的筹码出现了短期大量上移或者是完全上移，投资者就不能再继续停留，而是要跟随主力迈出的步伐及时出局，避开后市可能出现的深度回调或者是下跌行情。

当然这也并非绝对，因为投资者不能完全确定低位锁定的这些筹码是主力的仓位，有时候这些锁定筹码也可能属于一些机构投资者或是资金量较大的个人投资者。

而就算这些仓位确实是主力的，投资者也不能保证主力对市场有绝对的把控，有些时候主力也会出现判断失误，导致自身资金亏损的情况。因此，投资者应谨慎，不要完全依赖技术面分析，必要时先行卖出止损才是上策。

下面通过一个具体的案例来分析。

实例分析 **朗科科技（300042）筹码低位锁定形态**

图 1-19 为朗科科技 2022 年 11 月至 2023 年 3 月的 K 线图。

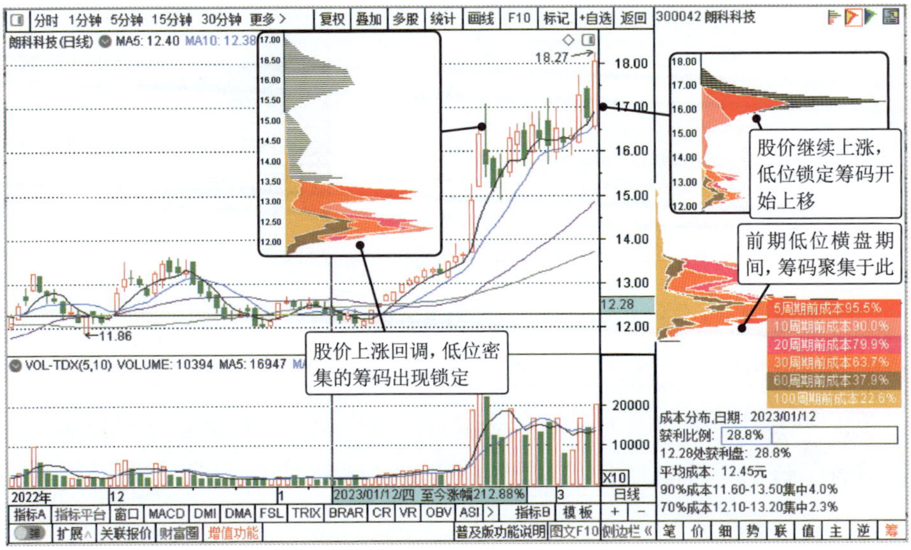

图 1-19　朗科科技 2022 年 11 月至 2023 年 3 月的 K 线图

从图 1-19 中可以看到，朗科科技的股价先是在低位震荡了一段时间，后续才进入上涨。而在低位震荡期间，筹码自然而然地在震荡区间内形成了一个密集形态。

仔细观察可以发现，其中包含了大量的黄色远期筹码，说明有大量的仓位是在很久之前建立的。不过这个时候投资者还不能将其断定为主力的仓位，而是要根据后续的走势来进一步分析。

进入 2023 年后不久，股价就开始震荡向上并在 2 月中旬成功突破 14.00 元价位线的压制，在短时间内冲到 17.00 元价位线附近，随后在此受阻并小幅回落。

在价格回落的同时，观察筹码分布图可以发现，由于股价快速上涨，有不少近期筹码向上转移，但是低位依旧留存有大部分的远期筹码，形成了锁定状态。

这个时候投资者就可以判定市场中大概率是有主力在参与推动，且持有不少低价仓位，在短时间内还没有卖出的意愿。因此，投资者完全可以跟随主力买进或是保持持有，等待股价后续上涨。

继续来看后面的走势，到 3 月初时，该股成功突破了前期 17.00 元价位线的压制。这个时候的筹码分布图中显示低位的筹码已经大量向上转移，并聚集到当前价位线附近，但是依旧有一部分黄色的远期筹码保持锁定。

这说明主力可能是在部分卖出回笼资金，但没有完全清仓，因此，投资者也可以跟随适当减仓，然后观察后续走势。

图 1-20 为朗科科技 2023 年 2 月至 5 月的 K 线图。

到了 2023 年 3 月下旬，股价已经来到 20.00 元价位线上方，之后在 3 月 29 日更是收出超长阳线向上突破 25.00 元价位线，短期涨幅极为惊人。

此时的筹码分布图显示，低位锁定的筹码上移得越来越多，几乎已经没有太多留存，说明主力正在一波一波地向上交易，在回笼资金的同时不断降低长久持仓的风险。而由于当前价格已经比较高，前期在与主力相同的位置建仓的投资者也可以跟随其步伐一批一批地减仓。

而从后续的走势可以看到，当价格来到 30.00 元价位线上方后，涨势明显受到遏制，甚至还出现了下跌靠近 30 日均线的迹象。

这个时候的筹码分布图中显示，之前被锁定在低位的远期筹码几乎已经全部向上转移，上方的近期筹码隆起成山峰，说明主力大概率正在快速出货，后续价格有可能进入深度回调，投资者要注意及时卖出避险。

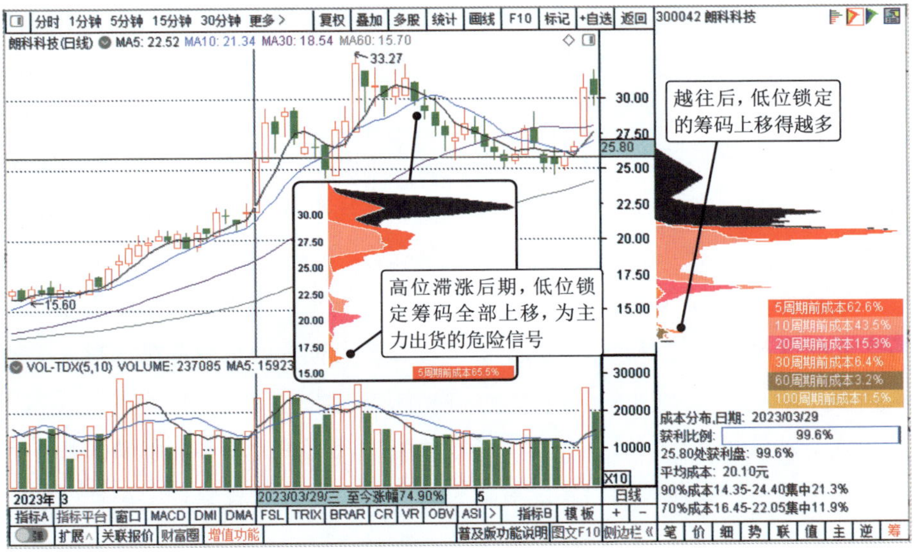

图 1-20　朗科科技 2023 年 2 月至 5 月的 K 线图

1.2.4　筹码单峰、双峰与多峰

筹码的单峰、双峰与多峰其实就是筹码聚集起来的一些特殊形态，而且在前面的某些案例中已经有所表现了，下面进行逐个讲解。

1. 筹码单峰

筹码单峰是指市场中的大部分筹码都聚集在某一较小的价格区间内形成的一个显著的山峰，如图 1-21 所示。

在前面的一些案例中，比如筹码的高位密集、低位密集案例等，都有很多筹码单峰的形态出现。但并不是所有的密集形态都能够形成筹码单峰，这只是一种展示筹码聚集的形式。

技术图示 筹码单峰形态

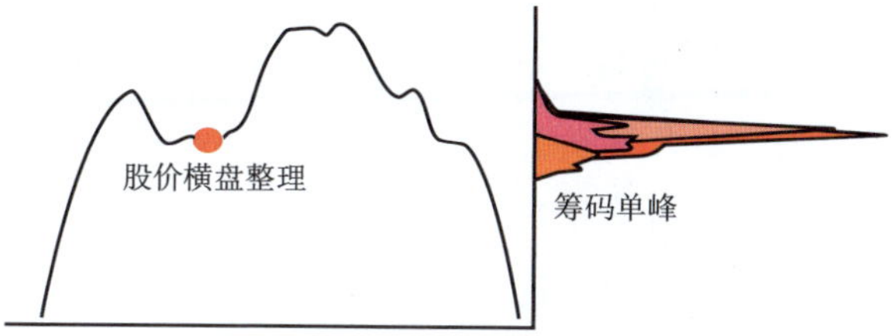

图 1-21 形态示意图

一般来说，筹码单峰会在股价长期横盘的后期出现，比如低位横盘、上涨期间的回调横盘、上涨高位的受阻横盘及下跌期间的企稳横盘。在不同的位置出现的筹码单峰信号不同，同时，投资者需要借助 K 线的走势及其他指标的表现来进一步分析后期走向。

下面就来看一个上涨回调横盘的筹码单峰案例。

实例分析 汉邦高科（300449）上涨回调横盘逐渐成形的单峰

图 1-22 为汉邦高科 2024 年 5 月至 10 月的 K 线图。

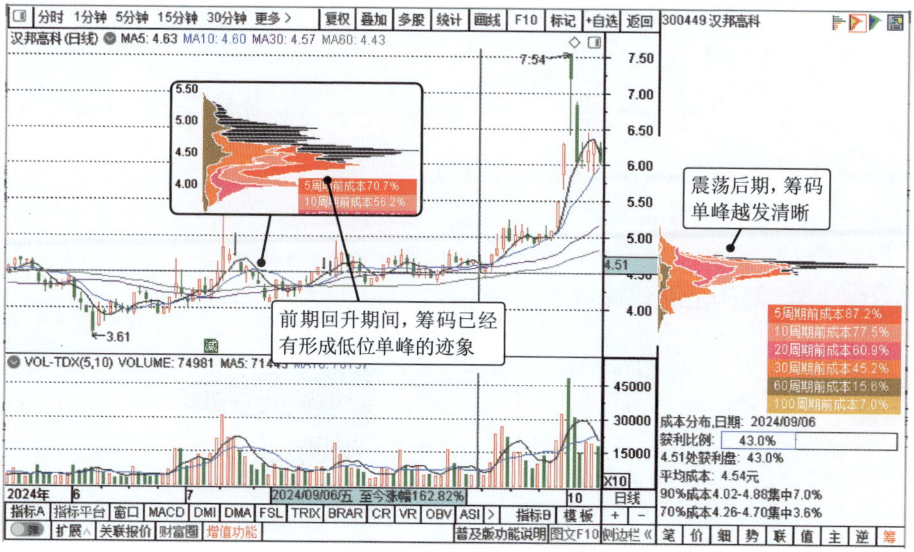

图 1-22 汉邦高科 2024 年 5 月至 10 月的 K 线图

从汉邦高科的中长期均线走势可以发现，该股在 2024 年 5 月至 6 月初是处于下跌状态的。但在触及3.61元的最低价后，该股就开始逐步向上攀升，并成功突破了中长期均线的压制。

后续股价在5.50元价位线附近受阻后小幅回调，落到中长期均线上，并在后期较长一段时间内反复波动，并且波动区间越来越窄。

观察回调初期的筹码分布图可以发现，当时市场中的大部分筹码都已经聚集到了3.50元到5.50元的价格区间内，并形成了一个左宽右窄的山峰形态。但由于价格跨度比较大，且筹码的聚集度不是很高，投资者还不能将其看成一个标准的低位单峰。

随着时间的推移，也随着股价震荡幅度的变小，筹码越来越密集，并越来越向中间靠拢。直到9月初，筹码已经向中间聚拢形成了一个清晰的单峰，意味着市场中大部分的投资者都已经聚集到当前的价格区间内交易，多空双方都在蠢蠢欲动，等待着后期变盘方向的出现。

一旦变盘来临，这一股筹码聚集起的力量将推动价格快速向变盘方向运行，投资者一定要注意及时作出决策。当然，汉邦高科这只股票最后是成功向上完成了突破，为投资者带来了盈利机会。但如果股价是向下跌破中长期均线的，投资者就需要立即撤离。

2. 筹码双峰

筹码双峰一般出现在股价上涨回调或是下跌反弹期间，其形态很简单，就是两个显著的峰而已，如图1-23所示。但是投资者若要利用好筹码分布指标，还是要深入了解其成因。

技术图示 筹码上涨双峰形态

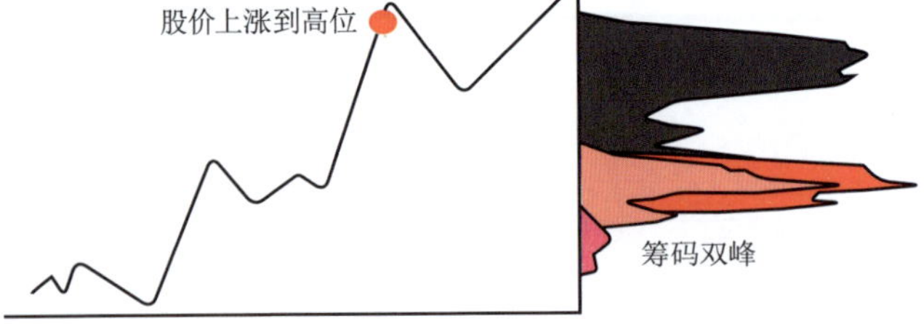

图1-23 形态示意图

这里以筹码的上涨双峰形态为例，筹码低位峰的成因相信投资者已经可以自行理解了，那就是当价格在低位横盘震荡时，自然会吸引一批买盘和一批卖盘在此交易，形成密集形态。

而当价格继续上涨，并在某一位置受阻后有回调迹象时，部分前期建仓的筹码可能会在此抛售，而等待回调机会的场外买盘又会再次吸纳筹码，导致大量筹码聚集在当前回调的位置附近，与前面的低位峰结合形成一个双峰形态。

如果后续价格还能继续拉升，那么前期低位峰中的筹码将会逐渐向上转移到高位峰中，直到与下一个在股价回调位置形成的单峰结合起来构筑出又一个上涨双峰。

而如果价格回调后就在高位长期滞涨，那么低位峰和高位峰中的筹码都会大量向中间转移，导致双峰之间的沟壑被填平乃至逐渐隆起形成山峰，这种变化被称为双峰填谷。

对应的，在下跌行情中也存在下跌双峰形态。股价反转后，部分高位被套盘不愿出局，而当价格在某一位置企稳反弹时，部分抓住机会的被套盘趁机卖出，场外抢反弹的投资者趁机跟进，就会形成一个低位密集峰，与高位被套盘结合形成下跌双峰形态。

这个下跌双峰形态也可能因为股价反弹后长期横盘的走势而转变为双峰填谷形态，或者是因为股价反弹后继续下跌的走势，使得高位峰中的筹码向下转移到低位峰中，直至与在下一个股价反弹位置形成的单峰结合起来构筑出又一个下跌双峰。

理论说起来比较复杂，但实战起来还是很好理解的，下面就通过一个实际的案例来具体学习。

实例分析 慧翰股份（301600）筹码上涨双峰的应用

图 1-24 为慧翰股份 2024 年 10 月至 2025 年 1 月的 K 线图。

在 2024 年 11 月期间，慧翰股份的股价还处于 100.00 元价位线下方横盘震荡，并导致大量筹码聚集在当前价格区间内，形成一个显著的低位单峰。而当价格在 12 月初出现快速上涨时，这部分聚集起来的筹码就开始明显向上发散转移。

股价的第一波上涨在 150.00 元价位线下方不远处受阻，并横盘了一周多的时间，随后又继续向上拉升，直到于 12 月底在 200.00 元价位线附近受阻。

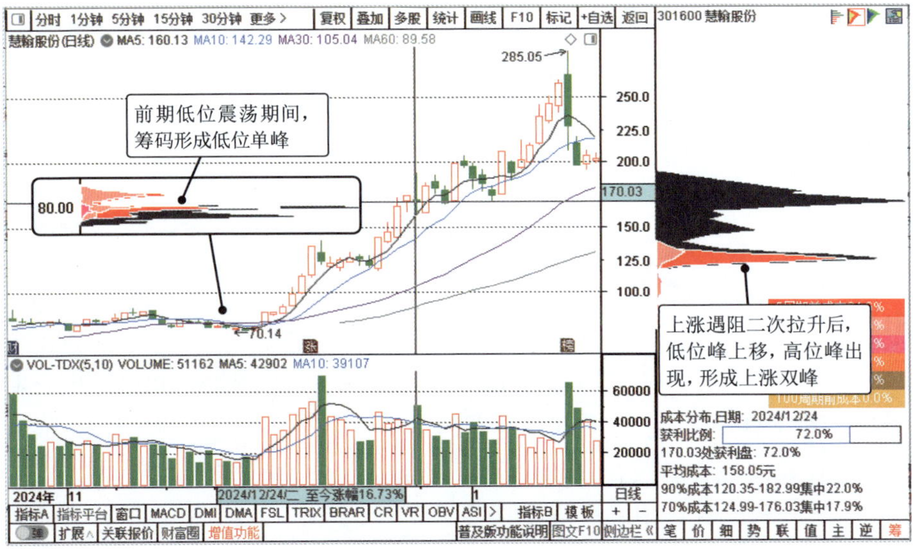

图 1-24　慧翰股份 2024 年 10 月至 2025 年 1 月的 K 线图

观察这个时候的筹码分布图可以发现，原先聚集在 80.00 元价位线附近的低位筹码峰已经向上转移到了 125.00 元价位线附近，也就是股价第一波上涨受阻横盘的位置。这说明市场中的大量投资者选择在股价上涨受阻的位置先行兑利，场外投资者也愿意在此位置介入做多。

而随着价格在 200.00 元价位线附近的受阻，有一部分近期筹码也向上转移到了当前价格区间内，于是二者结合形成了一个显著的上涨双峰形态。并且这个上涨双峰的低位峰就是由之前在 80.00 元价位线附近聚集起来的低位单峰向上转移形成的。

而随着后续股价的持续上涨，这个低位峰将会逐渐消失，并向上转移到高位峰中，那么投资者就可以以相同的分析角度来选择合适的买卖点。

3. 筹码多峰

筹码多峰其实就是由筹码发散形成的，它比筹码单峰和筹码双峰更加常见，是股价快速上涨或者快速下跌时，市场中的交易逐步分散在各个价格区间内形成的。

图 1-25 中展示的是下跌多峰形态，它意味着在持续下跌的过程中，尽管有不少投资者在及时止损卖出，但上方依旧有大量的被套盘不愿意撤离。这些被套盘将会在股价反弹的同时给市场制造较大的抛压，导致价格难以形成有效上涨，是一种比较清晰的看跌信号。

技术图示 下跌期间的筹码多峰

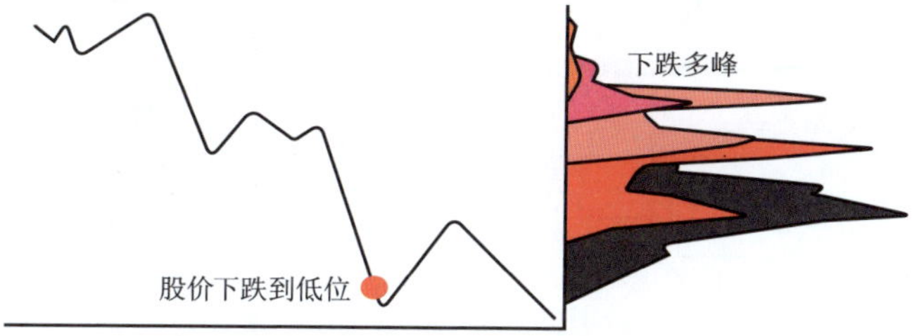

图 1-25 形态示意图

相反，在上涨期间形成的上涨多峰就意味着下方有不少获利盘持续看多该股，为价格的回调提供强大支撑，使其延长上涨周期，制造更多盈利机会，因此，这也算是一种看涨信号。

投资者在遇到这两种筹码形态时要灵活应对，具体来看下面这个案例。

实例分析 鸿泉物联（688288）筹码下跌多峰形态

图 1-26 为鸿泉物联 2023 年 11 月至 2024 年 4 月的 K 线图。

在图 1-26 中投资者可以清晰地看到一个持续的下跌走势，尤其是到了 2024 年 2 月，股价下跌的速度越来越快。

当其落到 12.00 元价位线附近时，观察筹码分布图可以发现，由于之前价格在 26.00 元价位线附近震荡了一段时间而聚集起来的远期筹码并没有完全向下转移，只是部分在下跌期间交易，形成了一个下跌多峰形态。

这就意味着即便股价在后续反弹，也会被这些高位筹码压制，因此，场内投资者最好还是趁着反弹的机会及时卖出，不要长久停留。

事实也确实如此，后续当价格反转向上时，仅仅突破了 30 日均线，很快便进入横盘滞涨，60 日均线及上方的被套盘对其造成了较大压力。

观察股价在接触 30 日均线并收阴当天的筹码分布图可以发现，上方的筹码向下转移了一些，但也不多，下跌多峰依旧成形并传递出看跌信号，投资者要注意及时止损撤离。

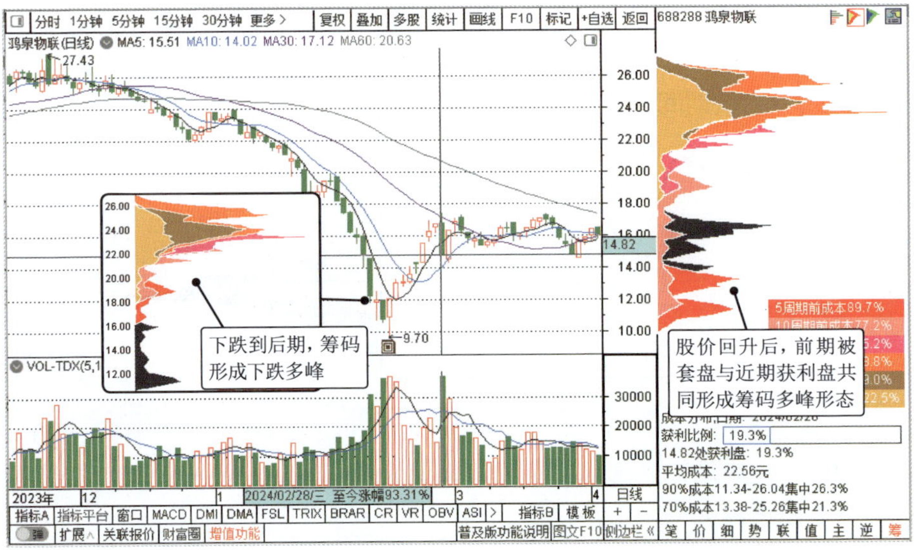

图 1-26　鸿泉物联 2023 年 11 月至 2024 年 4 月的 K 线图

知识拓展　关于案例中炒股软件窗口时间轴显示问题的说明

本书会涉及大量案例的解析，关于案例截图中软件 K 线图下方的时间轴显示的问题，这里提前做一个大致说明。

一般情况下，炒股软件窗口大小发生调整或对 K 线图进行缩放时，都会造成软件底部的时间轴发生相应的变化，所以，书中的案例截图可能存在时间轴上显示的起止日期与分析内容描述的起止日期不一致，或案例截图中的时间间隔不是很连续的情况。这是软件自身原因造成的，本着客观陈述的原则，为了让读者能够更准确地查阅，本书在进行分析时仍然以实际 K 线走势的起止日期进行描述。

除此之外，A 股沪深股市的交易时间为每周一到周五，周六周日及国家规定的其他法定节假日不交易，所以，炒股软件中的 K 线图时间轴仅显示交易日。

第2章

主力行为及筹码分布特征

相信大部分投资者对股市中的主力都不陌生，他们的资金进出对股价的变动影响较大，甚至决定着投资者的盈利空间。而其资金的流动方向和流动时间在很多时候都会体现在筹码分布中。因此，投资者有必要先行了解主力的操作过程，以及不同阶段内筹码的特征表现。

2.1 主力操作的不同阶段

一般来说，股市中的主力是指持股数较多的机构或大户，比如券商、银行、企业等。他们通常具有较强的资金优势和信息优势，操作规模庞大，能够在短期或长期对股价产生显著影响。

除此之外，主力的操作往往具有计划性和持续性，不会因短期波动而轻易改变策略。他们的操作阶段主要分为吸筹、拉升、震仓和出货几部分，每一个阶段都有各自的目的，同时，在筹码分布及 K 线形态上也会有一些特殊表现。本节就先针对主力的各操作阶段进行详细讲解。

2.1.1 低位吸筹阶段

主力的吸筹阶段实际就是建仓阶段，一支外部新主力想要入驻某只股票，首先就需要吸纳大量的筹码，这样才能在后续的操作中对价格产生显著影响。

但显然，这会耗费极大的资金量，即便是实力雄厚的主力也不愿意直接以高价收购。因此，在吸筹阶段，大多数主力都会呈现出潜伏状态。在这些主力中，比较常见的一种吸筹方式就是在股价持续缓慢下跌的过程中小单跟进，一波一波地建仓。

如果股价是在低位横盘震荡，那么这个建仓战线可能会被拉得比较长，毕竟主力的目的是细水长流，而非在短时间内迅速吸纳，这样可能会引起市场注意，进而失去操作先机。

等吸纳阶段进入尾声，主力又可能会以大单快速压价的方式来刻意制造短期暴跌走势，逼迫场内投资者集中卖出，自己再分批吸纳，完成建仓的最后阶段。

在这一阶段，K 线图中往往会表现出成交量放量压价的背离形态，K 线自身也可能形成一些特殊形态，比如 V 形底，如图 2-1 所示。在此之后，股价可能会在短时间内就出现反转，毕竟这往往是主力低位吸筹的最后阶段。因此，很多富有经验的投资者会在这一阶段中抄底。

技术图示 主力吸筹造成的 V 形底形态

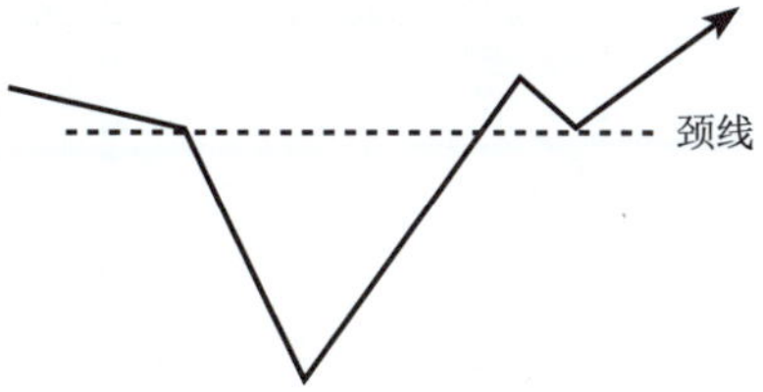

图 2-1　形态示意图

而除了这些底部建仓方法以外，主力也会在股价上升的过程中持续吸纳筹码。因为随着价格的上涨，主力原本在低位买进的筹码盈利程度会越来越高，但为了保证股价的持续上升，主力必须要不断注入资金维持，这可能会消耗其大量后备资源，导致重仓参与，风险将会非常高。

因此，这些主力大多都会在股价上升的过程中卖掉一部分前期筹码，将所获得的盈利转而再次投入该股，去吸纳新一批位置稍高的筹码，同时适当提高现价，推动个股价格继续上涨，以达到良性循环的目的。

由此可见，主力的吸筹阶段实际上是一直存在的，只是会在某些阶段露出明显的端倪。但只要投资者抓住了这些时机，就有机会实现抄底。

下面通过一个案例来分析主力的低位吸筹表现。

实例分析 银之杰（300085）抓住主力低位吸筹的时机

图 2-2 为银之杰 2024 年 8 月至 11 月的 K 线图。

整体观察银之杰在 2024 年 8 月至 11 月期间的股价走势，可以看到一段很清晰的牛市上涨，且上涨速度非常快。

这种强势拉升一般只有主力才能完成，毕竟散户无法统一在某一段时间内突然集中贡献出大量资金，推动价格产生短期暴涨。因此，要跟上主力的盈利步伐，扩大获利空间，投资者就需要尽可能地在前面低位横盘的过程中分析出主力建仓的意图。

在图 2-2 中可以看到，前期股价一直在 10.00 元价位线下方不远处横盘震荡。当时间来到 9 月中旬时，观察筹码分布图可以发现，市场中大量的筹码都已经聚集到当前价格区间内，形成了一个显著的低位针状单峰，说明有大量投资者在等待后市的变盘。

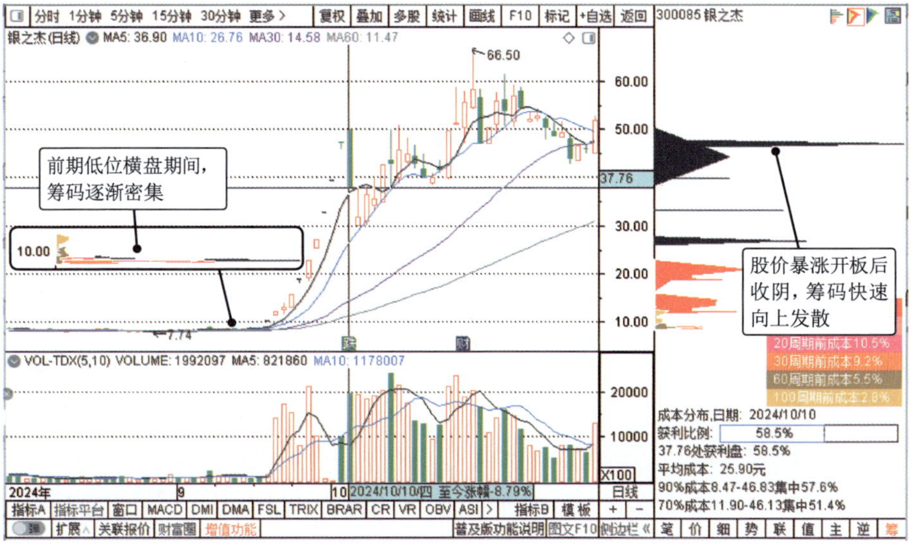

图 2-2　银之杰 2024 年 8 月至 11 月的 K 线图

实际上，在这段看似长期平行的窄幅震荡中，还包含很多可供分析的内容，下面就移动到前期走势中进一步观察。

图 2-3 为银之杰 2024 年 1 月至 9 月的 K 线图。

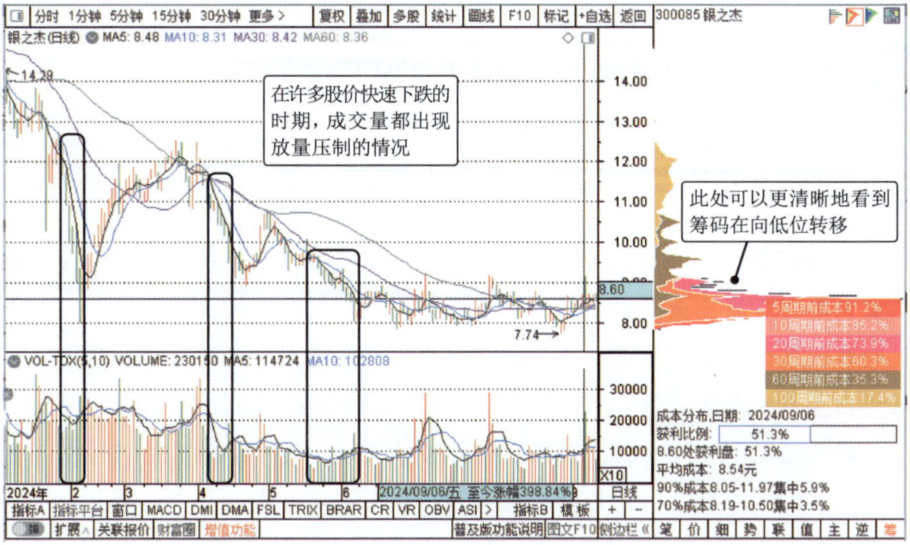

图 2-3　银之杰 2024 年 1 月至 9 月的 K 线图

放大前面下跌期间的走势，投资者就可以看出比较清晰的股价震荡状态了。在 2024 年 1 月期间，股价下跌的速度还是非常快的，并且在 1 月底到 2 月初这段时间内的跌速有明显飙升。

观察下方的成交量可以发现，量能在这段时间内有放大的走势，说明是市场中的主力刻意在压价。一般来说，在这种下跌过程中形成的刻意压价往往代表着主力在分批建仓。

价格在落到 8.00 元价位线附近，并反弹向上突破 60 日均线无果后，又继续向下滑落。在这一段下跌的过程中，成交量再一次表现出了明显的放量，同样显示出主力建仓的意图。

这样的走势在这一期间的多段下跌中都有表现，图中只是框出了最明显的三处而已。在股价的多次震荡中，主力可能会频繁地分批买进，直至达到预期目标后才会开始准备拉升。

最终，价格跌到 8.00 元价位线附近得到支撑后止跌横盘，逐渐横向穿越中长期均线的压制，同时上方高位筹码也在不断向低位转移，之后股价在 9 月中旬之后就出现了连续的涨停拉升，这就是主力建仓完毕，开始盈利的标志。

在前期走势中分析出主力建仓意图的投资者，此时就可以迅速跟进，抓住低位买进的低成本优势。而并没有发现主力意图的投资者可能会错过第一波拉升，毕竟在暴涨期间，股价有很大一部分时间都被封在涨停板上，若是投资者跟进不及时，很可能会被拒之门外，无法交易。

不过好在股价在上涨到 50.00 元价位线附近后就长期开板交易了，开板的同时，K 线大幅收阴，说明市场中有大量的获利盘在此兑现卖出。

观察图 2-2 中筹码分布图中的表现可以发现，黑色的近期筹码呈分段式地向上分散。这是因为涨停期间市场中交易量极少，筹码向上移动得不明显，只有当某段时间开盘交易后，市场中的投资者才会大量买卖，使得筹码明显聚集在当前位置。这种分段式的向上发散往往标志着价格上涨的速度极快，投资者可抓住时机跟进。

继续来看图 2-2 中后面的走势，在 10 月初，股价在进行一次小幅回调整理后就继续向上运行，第一次并没能突破 50.00 元的压力线。最终在 10 月底，该股才成功越过其压制，并创出了 66.50 元的最高价。

不过在此之后，价格就呈现出了高位滞涨的状态，此时获利的投资者有必要将手中的筹码抛售，以免在高位被套。

2.1.2 初始拉升阶段

初始拉升阶段很好理解，就是当主力的仓位吸纳完毕或者是达到了预先的目标，就会正式进入盈利阶段。首先就是将股价快速向上拉升，突破前期横盘期间的压力线，通知市场开始注资追涨，共同将价格上推。

在这种上涨初期，投资者盈利的机会还是很大的，但一定要注意，有些主力可能只是在下跌行情中拉出一波反弹，将自己前期的被套仓位售出就结束。因此，这种短期的上升并不会持续太长时间，甚至高度也不足，此时投资者就需要在主力撤退的同时迅速跟随卖出止盈。

而在另一种情况下，主力可能会以比较极端的方式拉出短期暴涨，比如在横盘震荡后期突兀拉出连续的涨停。

这样的操作往往会打市场一个措手不及，使得许多场内外投资者都来不及作出恰当的决策。而由于前期主力建仓完成后，手中持有市场份额较大，也不会有太多卖盘在上涨过程中为股价制造抛售压力，因此，也就降低了主力长期拉升的资金压力。

所以，要抓住这种上涨，对于信息来源不足、技术分析能力有限的普通投资者来说还是比较困难的。如果没能在拉升初期建仓，当价格上涨到高位时，投资者也最好不要盲目跟进。

原因很简单，在这种短期暴涨之后，随之而来的可能也是短期的快速下跌。毕竟能拉出这种极端走势的主力大概率是想在短时间内获取高盈利，当价格来到目标位置后，主力迅速抛盘导致其暴跌也是很有可能的。

而且，除此之外，中途跟进的散户也会跟随抛售，导致价格进一步下降。因此，场外投资者在发现股价有下跌迹象时最好不要高位跟进，以免被套；场内投资者则要迅速卖出兑利，将前期收益落袋为安，若后续股价能再次回归上涨，投资者重新在低位建仓也来得及。

当然，具体情况还要具体分析，到底股价在一波拉升结束后是继续上涨还是回归下跌，都需要投资者深入追踪了解。只要注意其间的仓位管理，投资者就可以在很大程度上避免判断失误带来的重仓受损。

下面通过一个案例来分析主力的拉升操作。

实例分析 艾融软件（830799）主力拉升时迅速跟进

图 2-4 为艾融软件 2024 年 3 月至 9 月的 K 线图。

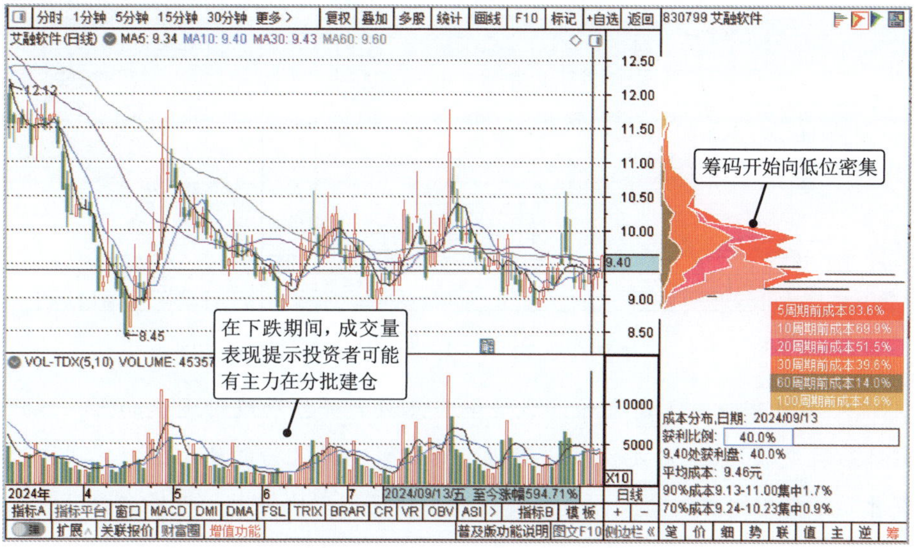

图 2-4 艾融软件 2024 年 3 月至 9 月的 K 线图

在分析主力的拉升方法之前，投资者首先需要观察一下前面下跌期间主力是否有建仓行为，这样才能在其开启上涨时及时跟进。

观察图 2-4 不难看出，该股和上一个案例中的股票走势十分相似，在股价震荡的过程中，成交量有多次放量压价的行为，充分证明主力可能在下跌过程中分批建仓。

当价格企稳横盘，并有突破中长期均线的趋势时，投资者就要密切关注该股后续的表现，看其何时能够成功向上拉出一波上涨。

在 9 月，股价已经运行到 9.00 元至 10.00 元的价格区间内，震荡期间，筹码分布图中显示上方被套盘开始逐渐向下转移，并在此价格区间内形成了密集形态。下面就来看后续的价格表现。

图 2-5 为艾融软件 2024 年 7 月至 2025 年 1 月的 K 线图。

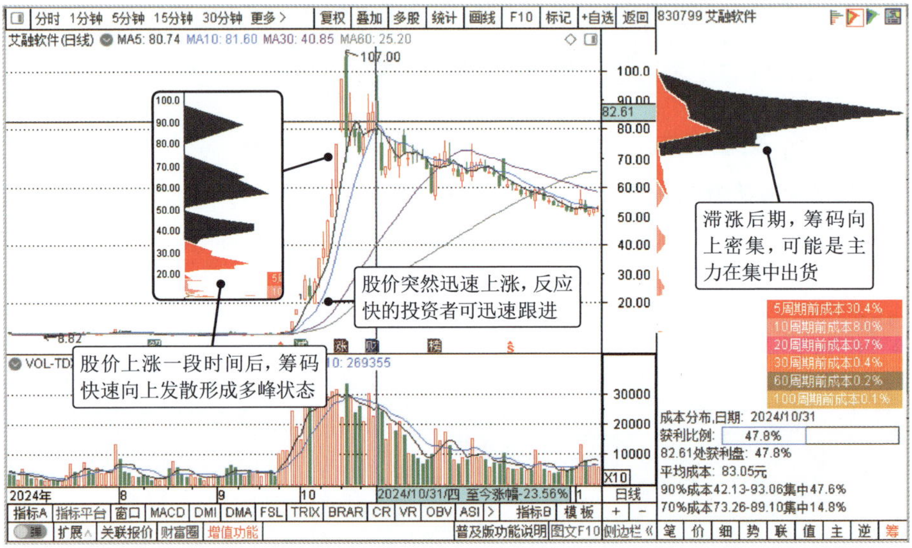

图 2-5　艾融软件 2024 年 7 月至 2025 年 1 月的 K 线图

从 2024 年 9 月下旬开始，成交量突然放大并推动股价迅速向上，短短数日后就突破到 30.00 元价位线附近。这就意味着主力的建仓已经完成，现在开始了全新的盈利阶段，并且其拉升步伐还迈得比较大，投资者要注意跟上。

该股的第一波上涨回调踩在 20.00 元价位线附近，随后继续向上攀升，上涨速度不低于前期。

一直到 10 月上旬，股价甚至已经突破 100.00 元价位线上方。观察其间的筹码分布图可以发现，下方原本低位密集的筹码随着股价不断拉升在分段向上发散，呈现出多峰状态，这是市场积极推动的表现。在整个上涨期间内，投资者只要有机会都可以加仓或者建仓。

然而，当股价在 107.00 元的位置触顶后回调，第二次上涨没能突破前期高点时，投资者就要注意了。观察这时候的筹码分布图可以发现，原先分布在下方的大量筹码已经基本向上转移到当前价格区间内，并形成了一个显著的高位单峰。

除此之外，高位单峰中的黑色筹码居多，说明主力很可能在此阶段集中卖出，此时投资者就要注意跟随其步伐撤离。这其实就是主力出货的表现，更详细的内容会在后面的章节中讲解。

2.1.3 中途震仓阶段

它是股价上涨过程中必不可少的一个阶段，同时也是主力清除场内浮筹的重要方法。

投资者要知道，在股价转入牛市的过程中，会有越来越多的场外资金注入市场。同时，前期的获利盘也会抓住时机在相对高位卖出，这些抛压会给股价的上涨带来一定的压力。

毕竟股市中卖出交易的规则是价格优先、时间优先，也就是卖出的价格越低，越能够排在前面交易。这样可能会使得一部分着急卖出的投资者降价抛售，从而影响价格的稳定上涨。

在这种情况下，主力要维持持续的拉升，就只能不断地注入资金消化掉这些卖盘。但显然主力的资金也不是无穷无尽的，并且一支主力可能会参与多只股票的投资，不可能在一只股票中重仓介入。

因此，为了减缓这些卖盘带来的持续抛压，主力可能会在拉升过程中突然刻意压价，制造反转下跌的迹象，一些不坚定的看空盘趁机撤离后，另一批坚定的看涨盘自然会承接这部分筹码重新入场，为股价的上涨带来新一波的支撑。这种操作就被称为震仓，目的是减轻上涨压力，制造更大的获利空间。

一般情况下，主力震仓的表现形式都是价格小幅回调或者是回调后低位震荡，偶尔情况下会制造出短期暴跌的走势。

这种方式比较极端，但是非常有效，毕竟投资者也无法完全确定此次下跌到底是一次震荡回调，还是真正的下跌行情的开始。因此，多数谨慎型投资者还是会选择在主力震仓的同时卖出，降低长久持有的风险。

下面通过一个案例来分析主力的震仓手法。

实例分析 欢乐家（300997）主力震仓时顺势卖出

图 2-6 为欢乐家 2024 年 5 月至 11 月的 K 线图。

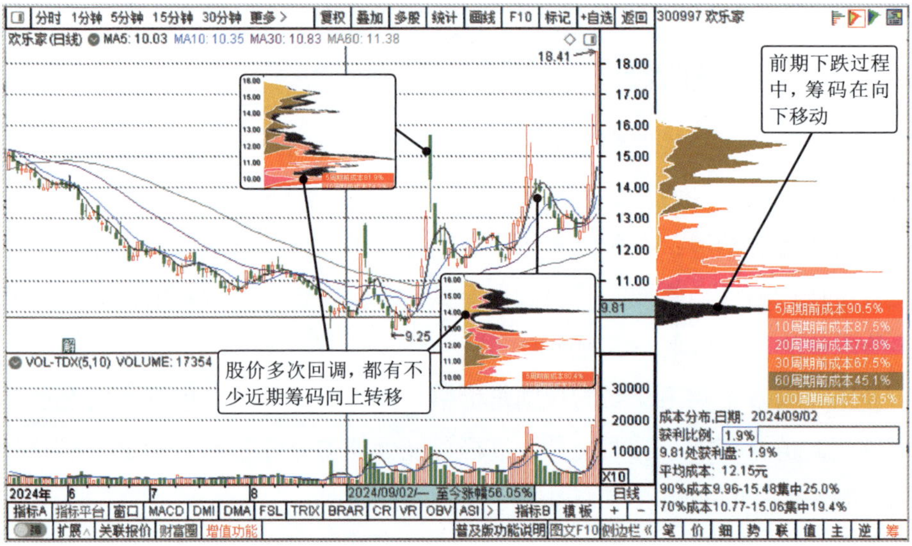

图 2-6　欢乐家 2024 年 5 月至 11 月的 K 线图

从图 2-6 中可以看到，在 2024 年 5 月至 8 月期间，欢乐家的股价一直处于中长期均线的压制之下，并且整体跌势稳定，提示投资者不要轻易介入。

股价一直到 9 月跌至 10.00 元价位线附近时才得到支撑企稳。观察这个时候的筹码分布图可以发现，上方聚集了大量没有撤离的被套盘，由此对价格造成了一定的反弹压制。

不过其中也有不少的筹码在向下移动，在低位形成一个黑色的单峰。如此多筹码聚集在此处交易，可能意味着其中包含着主力的建仓盘，毕竟在前期的下跌走势中，投资者仔细观察成交量还是可以发现一些放量压价的痕迹。

在此之后，股价就形成了一次强势反弹，K 线以一根超长实体的阳线向上突破了整个均线组合。看似该股有放量拉升的意图，但在次日，股价就收阴并继续向下，落回了原先的价格区间内，甚至还小幅跌破前期低点，创出 9.25 元的近期新低，说明新的行情尚未开启。

不过好在这个时候的市场已经活跃起来，下方的成交量表现意味着有不少资金正在交易。在后续不久，股价就再一次向上突破两条中长期均线。

这一次价格一直来到了 16.00 元价位线下方才反转收阴，并持续向下滑落。观察股价收阴第一天的筹码分布图可以发现，随着价格的上移，下方聚集起来的筹码开始向上发散，一些黑色筹码则聚集到了上部。

而在高位黑色筹码覆盖的同一范围内，还有一些黄色的远期筹码。这些依旧是在前期股价下跌过程中留下的被套盘，当价格上涨到这一区间内时，自然会被这部分筹码造成的抛压压制。

而除了压力线的天然限制外，主力洗盘也是股价下跌的一个重要因素。投资者既然已经从前期股价的走势中分析出了场内有主力在参与，就不能在后续的震荡过程中抛开主力对股价的影响来分析。

这一次该股下跌的速度较快，幅度较深，但是没有跌破 30 日均线，很可能是主力想通过一次快速反转清除掉场内不坚定的看空盘。但是从长期来看，该股依旧还有上涨潜力。

对于风险承受能力本来就比较低，或者是操作风格本来就偏向于谨慎型的短线投资者来说，在这种反转位置出货或许是一个不错的选择。当价格落到低点再次向上时，投资者也可以重新买进，这样会降低长久持仓的风险。

继续观察后面的走势，股价在 30 日均线上得到支撑后反复震荡，最终还是继续向上拉出一波上涨，但高点依旧在 16.00 元价位线附近受阻并再次回落。

这个时候观察筹码分布图可以发现，又有一部分黑色筹码向上转移，说明主力进行了二次震仓，短线投资者的二次卖出机会形成。

接下来继续来看后面的走势。

图 2-7 为欢乐家 2024 年 9 月至 2025 年 1 月的 K 线图。

震仓固然会进行多次，但不是每一次下跌都是震仓，投资者一定要注意股价与中长期均线之间的位置关系，以此作一个回调和反转的判断。同时，投资者还要注意观察筹码分布图中的近期筹码表现，不要被高位陷阱捕获。

来看图 2-7，股价在 11 月底开启了又一波上涨，且涨速非常快，涨幅也十分可观。价格从 12.00 元价位线附近上涨到最高 22.09 元的位置，只用了短短一周左右的时间。

而在接触到最高价后，股价就开始反转下跌。观察筹码分布图可以发现，近期筹码上移的量明显增大，在高位形成了一个筹码峰。换句话说，就是在这个位置的交易量明显比前期两次震仓时的交易量都多。

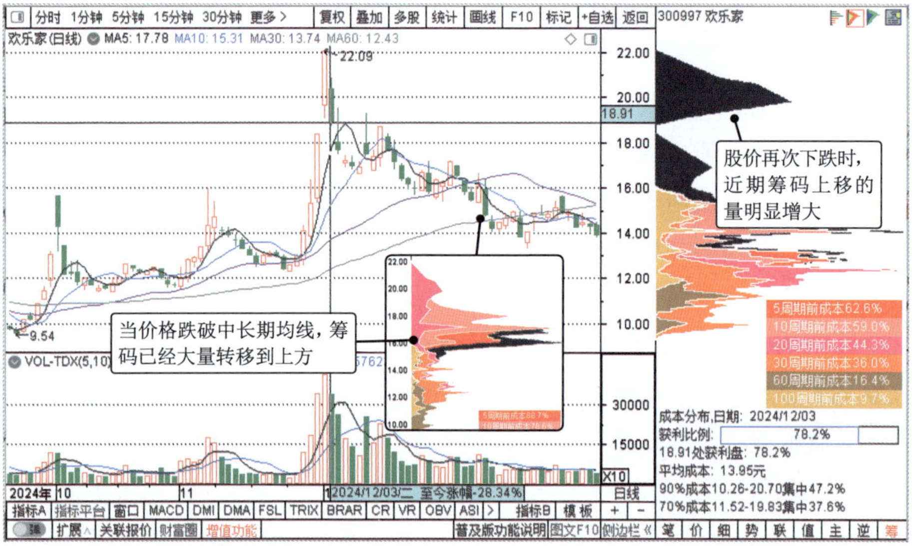

图 2-7　欢乐家 2024 年 9 月至 2025 年 1 月的 K 线图

由此可以分析，如果不是散户突然收到一些看空消息开始集中卖出，那就很可能是主力在大批量出货。这对股价未来的上涨很不利，后续很可能直接转入下跌，谨慎型投资者及短线投资者都最好卖出，将前期收益落袋为安。

从后续的走势中可以看到，随着股价的下跌，成交量也开始逐步缩减，数日后价格二次上升没能突破前期高点，证实反转可能已经来临。

而当股价彻底跌破 30 日均线时，筹码分布图中显示上下方的筹码逐渐向中间转移并形成密集区，进一步说明场内抛压较大，这一波牛市已经结束，还未离场的投资者必须抓紧时间。

2.1.4　二次拉升阶段

二次拉升阶段一般是在震仓之后出现的，是主力清除掉场内不坚定的浮筹后进行的再盈利方法。

二次拉升其实和一次拉升没有太大的区别，只是形成的位置不同。而由于一场上涨行情中可能会存在多次震仓，股价也可能出现多次拉升，给投资者带来丰富的盈利机会。

对于普通短线投资者来说，最需要观察的就是股价与中长期均线之间的位置关系。如果股价回调没有跌破中长期均线，并且在企稳后有再次上涨的迹象，则说明这次下跌大概率是一次震仓，投资者可以在卖出之后寻找低位机会重新跟进，分批买卖，降低高位被套的风险。相反，如果股价跌破中长期均线，短线投资者就有必要先行撤离了。

而中长线投资者则可以根据自己的风险承受能力决定是否分批操作。如果风险承受能力较高，那么投资者可以在股价彻底跌破中长期均线之前，都不理会这些震仓和拉升操作，只需要持有即可。

如果风险承受能力一般，那么投资者可以在股价进行危险震仓时（也就是下跌速度较快，幅度较大的位置）先卖出一批，或者是先清仓，等到下一波上涨来了后重新跟进或者适当加仓。

不过当一波上涨行情结束后，股价也可能在反转后重新上涨，但是这一次上涨的高度很可能难以突破前期高点，后续会转入下跌。这就说明股价很可能会进入一波深度回调或是转入下跌行情，此时投资者就要注意及时卖出止盈了。

下面通过一个案例来分析主力的二次拉升行为。

实例分析 润普食品（836422）主力二次拉升时再建仓

图 2-8 为润普食品 2024 年 9 月至 2025 年 1 月的 K 线图。

从润普食品的这段走势中可以看到，尽管股价在稳定上涨，并且与中长期均线之间的距离比较远，但是其间还是进行过几次比较明显的回调。这就意味着主力进行过多次震仓和多次拉升，投资者可分别抓住机会高抛低吸，实现盈利。

先来看第一波震仓的位置，在 2024 年 9 月底，股价开始上涨，并在越过 8.00 元价位线之后转向下跌。与此同时，成交量放量，说明是主力刻意压价所致，是一次震仓。

这一次股价跌到 10 日均线上就得到了支撑并二次拉升，短线投资者可以在抛售后迅速在低位重新跟进，抓住二次拉升的机会再次盈利。

第二次上涨一直上涨到 11 月，股价到了 16.00 元价位线下方的不远处，K 线收出了一根带有长上影线的阳线。这说明在分时图中，股价有过冲高回落的走势。这是上方抛压较大，价格即将回落的标志。

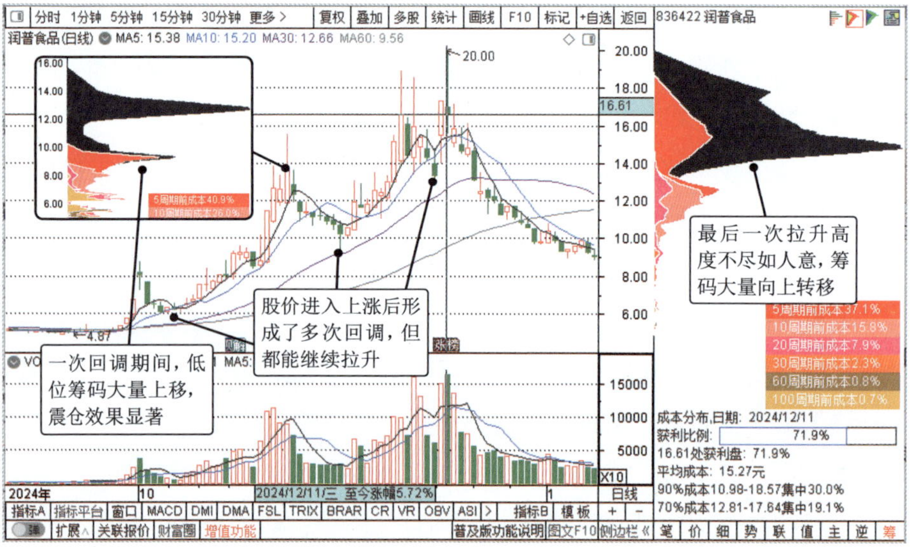

图 2-8　润普食品 2024 年 9 月至 2025 年 1 月的 K 线图

观察当日的筹码分布图可以发现，有大量的黑色筹码迅速向上转移，也说明其中有不少主力的压价盘，此时投资者可以采取与前期相同的策略进行操作。

下一波上涨出现在 2024 年 11 月期间，股价落到 30 日均线上得到支撑后开启了第三次拉升。这一次价格突破了 18.00 元价位线，并且同样在高位收出了带长上影线的 K 线。

然而这一次回调仅仅持续了数日，股价便继续上涨，还创出 20.00 元的新高。但数日之后价格竟然再一次向下，与前面表现出的回调后再次拉升的走势并不相同，说明股价可能已经到达了这一波牛市的顶点，开始在高位反复震荡，为主力的出货创造机会。

此时投资者观察筹码分布图可以发现，下方的大量筹码都已经向上聚集到高位，并形成了一个显著的黑色筹码峰，进一步证实主力大概率已经在出货。再加上后续价格向下跌破 30 日均线的走势，未来短时间内价格回升难度较大，投资者要根据自己的风险承受能力及时选择合适的位置卖出。

2.1.5 最终出货阶段

出货阶段是主力盈利的关键阶段，出货位置的选择关系着其盈利空间的大小。同时，对于散户投资者来说，及时抓住主力出货的时机跟随卖出也是极为重要的一个环节。

毕竟，一般来说，一支主力在出货后，股价都会出现不同程度的下跌。如果场内有其他主力承接还好，没有的话，股票可能会直接进入熊市当中，那么前期在高位入场被套的投资者就会面临长期受损的尴尬境地。

至于如何分析主力的出货阶段，投资者就需要更多地依靠筹码分布及场内的 K 线形态和其他指标的表现了。

首先来看筹码分布，在前面的案例中提到过一些，当主力准备出货时，肯定会在相对高位产生大量交易，这会导致黑色的近期筹码大量向上转移到某一价格区间形成显著密集状态，传递出警示信号。

除此之外，在出货的同时，K 线可能会在高位反复震荡，呈现出难以突破某一压力线的状态。与此同时，成交量也可能开始缩减或者走平，说明市场中没有更多的资金入场，推动个股拉出更高的价格。

而当价格转入下跌后，很可能会直接跌破中长期均线，或者踩在中长期均线上短暂回调后继续上涨，但未能突破前期高点，随后继续下跌并跌破支撑线，这也是下跌行情形成的标志之一。

由此可见，投资者判断主力出货的方式还是比较多的，但能不能做到及时卖出、及时止盈止损，还是会因自身的分析能力、操作风格及果断程度而存在差异。

下面直接通过一个案例来分析主力出货时投资者的应对之法。

实例分析 天茂集团（000627）主力出货迅速卖出

图 2-9 为天茂集团 2024 年 8 月至 12 月的 K 线图。

来看天茂集团的这段走势，可以发现，该股在 2024 年 8 月期间还处于 2.00 元价位线下方窄幅震荡，最低在 1.68 元的位置触底。此后不久，股价就开始反转向上，在成交量的放量推动下快速向上攀升，第一波上涨在 9 月中旬就使股价来到了 3.50 元价位线上方。

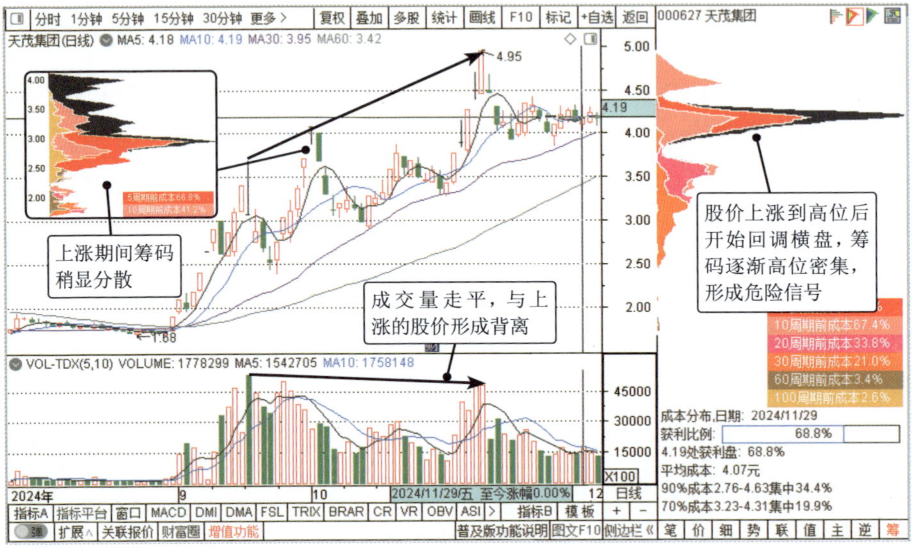

图 2-9　天茂集团 2024 年 8 月至 12 月的 K 线图

不过该股在此收出一根带有长上影线的 K 线后，就迅速回调至 30 日均线上方，但并没有将关键支撑线跌破，说明这只是主力的一次震仓操作，投资者可保持持有，或者先行卖出后在低点重新建仓。

第二波上涨形成于 9 月下旬，股价成功突破了 3.50 元的压力线，随后在 4.00 元的位置受阻，并形成了又一次回调。

在此阶段观察筹码分布图可以发现，虽然有大量近期筹码向上转移，但是从整体来看，筹码的分布还是比较分散的，呈现出多峰状态。这说明市场中还是有不少获利盘在等待更好的卖出机会，主力的仓位也并没有完全抛售。因此，投资者还是可以看多该股，并采取与前期相似的策略进行操作。

在后续一个多月的走势中，股价二次上涨没能突破 4.00 元价位线，看似是一种反转的危险信号，然而当其落至 30 日均线附近后得到支撑，并再次向上扭转时，又意味着上涨潜力未尽，投资者仍旧可以在上涨开启之后再次跟进盈利。

数日后，股价来到 4.95 元的最高价，随后再次回落，跌到 4.00 元价位线上后横盘整理。此时投资者拉长周期观察前期走势，可以发现，股价的高点基本一直在向上移动，整体呈现出比较积极的状态，并且中长期均线也长期保持上扬。

但是观察成交量的表现可以发现，自从 9 月中旬成交量达到峰值之后，后续量能虽有波段放大，但始终没能突破前期高点，与上涨的股价形成了背离。一般来说，这种量缩价涨的背离意味着市场注入的资金量有所下降，价格上涨比较虚浮，容易产生反转。

再加上横盘期间的筹码分布图中显示已经有大量的近期筹码向上移动到了当前横盘价格区间内，主力有可能已经开始出货，股价就此下跌的可能性还是存在的，谨慎型的投资者可以先行卖出观望。下面继续来看后续的走势。

图 2-10 为天茂集团 2024 年 10 月至 2025 年 3 月的 K 线图。

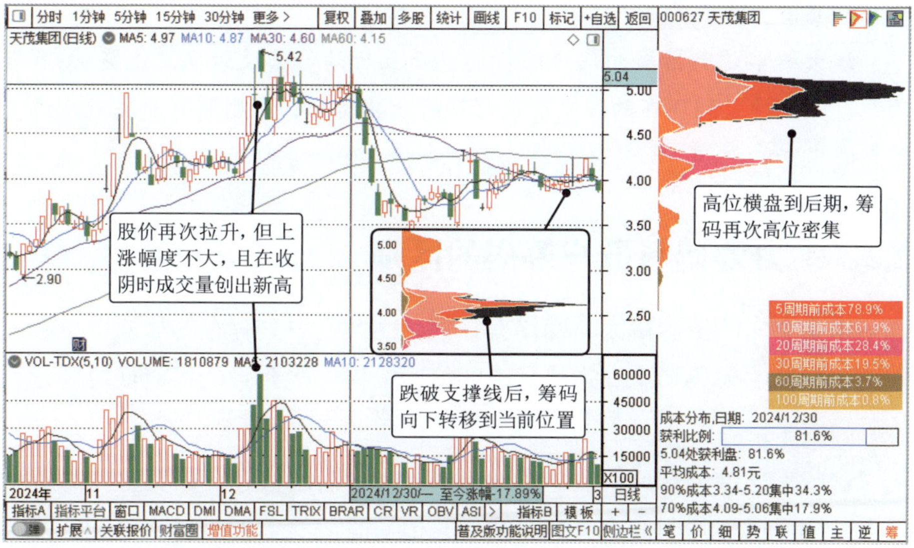

图 2-10　天茂集团 2024 年 10 月至 2025 年 3 月的 K 线图

在图 2-10 中可以看到，该股虽然在横盘期间形成了多种危险信号，但最终还是没有向下跌破，而是在接触到 30 日均线后再次向上拉升，创出 5.42 元的新高。

但是投资者只要仔细观察股价创出新高前后数日的成交量表现和 K 线表现就可以发现，K 线出现了频繁的收阴，并且在收阴的同时，成交量有明显放大压价的表现。

除此之外，随后一段时间内，股价没能再突破前期高点，而是在 5.00 元价位线附近反复向上试探，其间收出的 K 线大多都带有较长的上影线，说明在分时图中，股价形成过多次冲高回落的走势，上方压力较重。

与此同时，再观察筹码分布图可以发现，原本在 4.00 元价位线上方不远处的密集筹码已经大量开始向上转移到当前价格区间内，并且密集的山峰形态越发清晰，说明主力大概率正在此位置集中批量释放出最后一批筹码，同样传达出危险信号。以防万一，投资者就可以采取与之前股价横盘期间相似的操作策略，及时卖出观望，避开可能的反转风险。

事实证明，这种操作策略还是非常有效的，因为该股在此之后就开始连续收阴，并在四个交易日后跌到 3.50 元价位线上，不仅击穿两条中长期均线，还将前期横盘低点也击破了。

这大概率是行情转向熊市的标志，而且后续价格反弹也没能突破 60 日均线。一直持股到现在的投资者最好及时止损卖出，否则将可能在未来遭受更大的损失。

2.2 主力筹码与散户筹码的区别

由于主力的资金量大，操作有计划，因此，有其存在的盘面中总会出现一些特殊的筹码形态和走势，比如前面案例中提到过的筹码低位锁定、筹码高位密集等。

这些形态会与普通的散户盘面形成区别，有时候还会因为主力的资金量大，操作风格鲜明而十分容易辨别，但有时候又需要投资者仔细分辨才能察觉。在实战中，投资者需要了解应当从哪些方面来判断主力的参与痕迹，本节就将简要介绍部分常用的分析方向。

2.2.1 筹码集中度体现控盘度

筹码集中度的概念已经在前面章节中讲述过，其数值越低，集中度越高；数值越高，集中度则越低。

筹码集中度高，意味着市场中的股东数量较少，大部分的筹码都集中在这少部分股东手上。这说明有主力在收集筹码，后续股价可能会有大波动。如果筹码集中度低，则意味着筹码大多分散在大量的散户手中，代表没有主力高度控盘，股价可能比较难有大行情。

不过这也并非绝对，只是相对而言的分析手法，投资者并不能仅凭一个筹码集中度来确定主力是否在参与，而是要结合筹码形态、K 线表现及成交量等指标来进一步证实自己的推测。

下面来分析控盘程度高的主力表现。

实例分析 生益电子（688183）主力控盘的筹码变化

图 2-11 为生益电子 2023 年 1 月至 5 月的 K 线图。

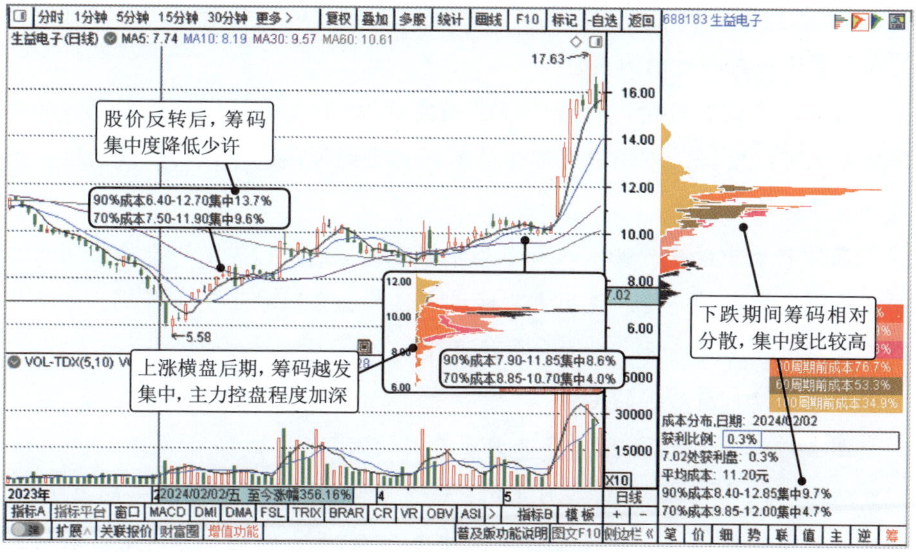

图 2-11 生益电子 2023 年 1 月至 5 月的 K 线图

从图 2-11 中可以看到，在 2023 年 1 月期间，生益电子的股价还处于下跌状态中，并且下跌速度非常快。尤其进入 2 月后，随着股价的继续快速下跌，成交量放量幅度越发明显，说明其中有主力在压价建仓，投资者可保持高度关注。

观察这时候的筹码分布图可以发现，下跌期间的筹码整体比较分散，并且大多集中在 10.00 元到 12.00 元的价格区间内，这是前期股价下跌之前的横盘区间。

再看筹码集中度投资者也可以发现，当前的筹码集中度比较高，意味着主力控盘程度很高，在下跌之前的横盘期间，主力可能已经建了不少仓位，这一次下跌只是进一步降低持仓成本，准备在触底后立即拉出一波上涨。

事实也确实如此，该股在5.58元的位置触底后迅速反转向上接近30日均线。观察此时的筹码集中度可以发现，此时90%的成本都聚集在6.40元到12.70元的价格区间内，并且集中度降低了一些。

这说明在股价反转后有不少外部散户介入，导致场内股东增加，主力控盘程度稍有下降，但下降得不多，至少对价格并没有产生太大的影响。

从后期的走势中可以看到，该股逐步拉升突破两条中长期均线后，开始在10.00元价位线附近横盘震荡。这也是主力震仓的一种手段，同时可能也是在积蓄下一波拉升的力量。

当时间来到5月初，股价已经小幅突破10.00元价位线。观察此时的筹码分布图可以发现，市场中大部分的筹码都已经聚集到了该价位线附近，形成一个显著的密集峰。

在筹码集中度中，90%的成本集中在7.90元到11.85元的价格区间内，并且集中度提高了一些，说明主力通过这段横盘又吸纳了不少筹码，未来很有可能拉出一波大行情，投资者要注意了。

下面继续来看后续的走势。

图2-12为生益电子2024年5月至9月的K线图。

从图2-12中可以看到，5月上旬，成交量突然放大并推动价格向上跳空，彻底越过前期压力线，并在短时间内冲上15.00元，涨幅十分可观。在后续的走势中，该股一直重复着上涨→横盘整理→再上涨→再横盘整理的走势，筹码集中度也随着场外投资者的介入而逐步下降。

6月上旬，当价格来到20.00元价位线附近后，该股进行了一次时间比较长的横盘。此时的筹码分布图中显示，下方大量的筹码向上聚集到当前价格区间内，形成了一个显著的密集峰，可能会对未来价格的上涨产生一定的压制。但由于价格尚未跌破30日均线，投资者还是可以保持持有，并继续观望。

7 月上旬，股价踩在 30 日均线上开启了又一波上涨。这一次上涨速度虽快，但持续时间不长，价格在 29.10 元的位置触顶后就又反转向下，落到 25.00 元价位线附近横盘震荡。

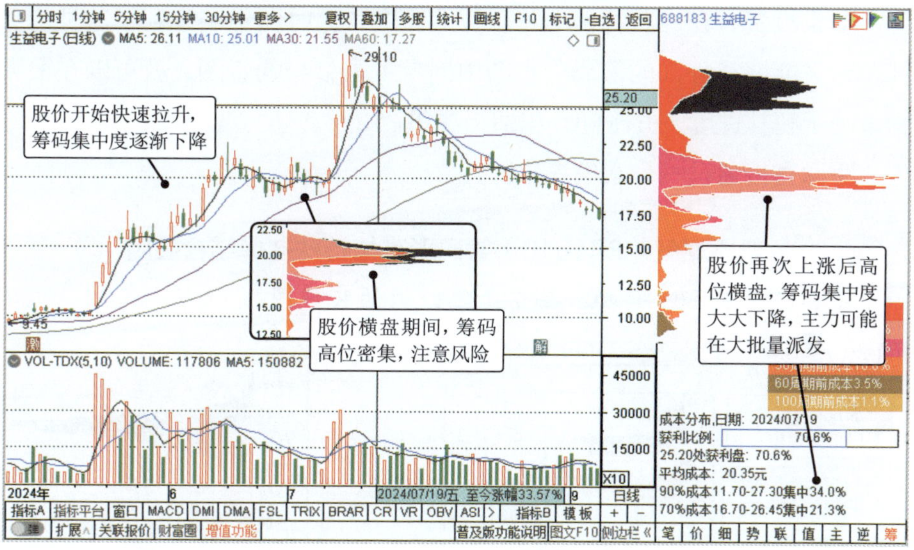

图 2-12　生益电子 2024 年 5 月至 9 月的 K 线图

观察此时的筹码分布图可以发现，原本聚集在 20.00 元价位线附近的筹码峰依旧存在，但还是有大量的黑色筹码向上转移到 25.00 元价位线上方。而观察筹码集中度可以发现，当前 90% 的成本都聚集在 11.70 元到 27.30 元的价格区间内，并且集中度数值高达 34%。

这说明当前筹码相对前期来说十分分散，主力有可能在高位大批量派发，若后续价格没有更强有力的支撑，行情反转向下是很有可能的，谨慎型的投资者可以先行卖出观望。

2.2.2　筹码的特殊形态与特殊挂单

前面的案例中提到过，一些特殊的筹码形态可以显示出主力的控盘程度。但其实除了观察筹码形态，投资者还可以通过分时图中的特殊挂单来确定主力参与的痕迹。

许多投资者都知道，在分时图中，一些单笔挂单量超过 500 手的买卖单会被标注为紫色，而一手就是 100 股。可见一次挂单量超过 500 手的往往都意味着一笔大资金入场，这种大资金又大概率属于主力，因此，股市中很多时候都将这种紫色挂单视为主力的挂单。

如果投资者在一些行情的特殊位置，进入分时图中观察到了这种特殊挂单，又能够在外部的筹码分布图中判定主力参与的意图，就可以在很大程度上了解其进度，并跟随作出适当决策。

下面直接通过一个案例来分析。

实例分析 凯添燃气（831010）筹码形态与特殊挂单结合应用

图 2-13 为凯添燃气 2024 年 9 月至 12 月的 K 线图。

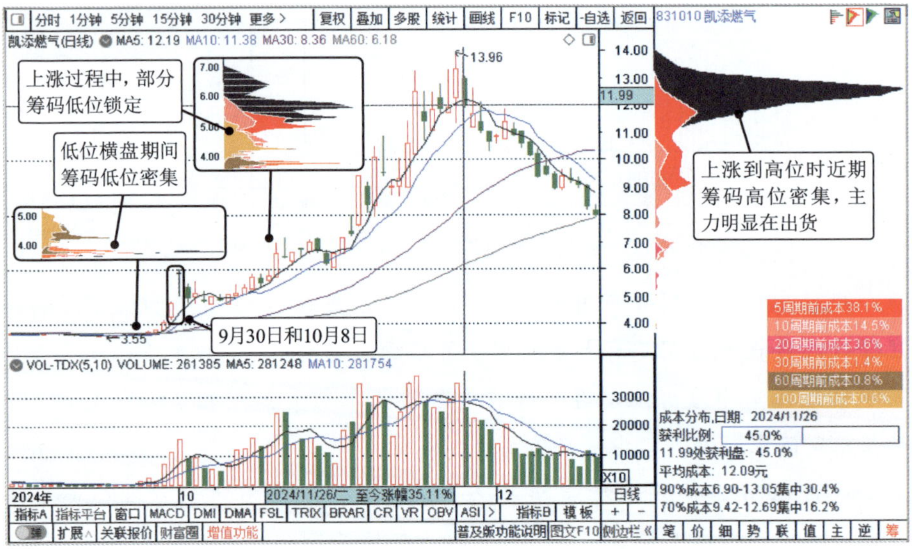

图 2-13 凯添燃气 2024 年 9 月至 12 月的 K 线图

从图 2-13 中可以看到，在 2024 年 10 月之前，凯添燃气的股价一直处于 4.00 元价位线下方不远处横盘震荡，其间震荡幅度较小，成交量也处于地量状态，市场积极性不高。

但其实在前期，该股有过缓慢的下跌，这一点可以从筹码分布图中清晰看到。投资者观察低位震荡期间的筹码分布图可以发现，有一部分黄色的远期筹码聚集在 4.00 元到 5.00 元的价格区间内，这就是在之前股价下跌期间形成的仓位。

而更多的筹码则呈针状单峰聚集在当前横盘区间内，意味着场内投资者正在等待机会。9 月底，成交量的放大推动股价迅速向上拉升，接下来观察 9 月 30 日和 10 月 8 日的分时图表现。

图 2-14 为凯添燃气 2024 年 9 月 30 日和 10 月 8 日的分时图。

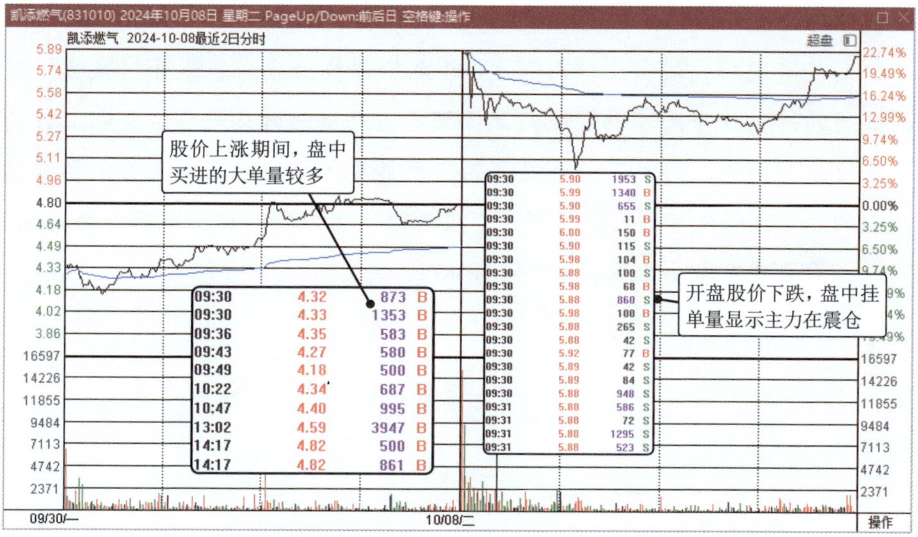

图 2-14 凯添燃气 2024 年 9 月 30 日和 10 月 8 日的分时图

从图 2-14 中可以看到，在 9 月 30 日，股价仍处于上涨状态，当时收出的是一根阳线。观察期间挂单的情况可以发现，在场内的多个时间段内都有紫色的大买单出现，最高的挂单量高达 3 947 手，说明有一股或多股力量正在分批投入资金推动价格上涨。

根据计算，这一单的成交金额为 3 947×100×4.59=1 811 673.00 元，明显是主力才能拥有的资金量。因此，投资者甚至不用借助筹码分布图，凭此就可以判断主力正在参与推涨。那么，此时无论是短线投资者还是中长线投资者都可以参与进来，抓住后续涨幅。

10 月 8 日，股价开盘就出现了下跌，并且挂单中显示有大量卖盘出现。结合当前位置来看，大概率是第一波上升之后的震仓操作，投资者可以不必理会。下面回到图 2-13 中继续分析后续走势。

随着价格的持续上移，市场中的筹码开始逐步向上发散，投资者只要仔细观察下方的筹码就可以发现，原本聚集在 4.00 元到 5.00 元区间内的远期筹码并没有完全向上转移，而是呈现出锁定状态。

这就说明其大概率是主力在前期建立的仓位，并且当前价格并没有达到主力预期目标，所以才没有着急卖出，从而提醒投资者可以跟随主力的步伐保持持有。

一段时间后，股价上涨到了 13.00 元价位线上方，涨速开始减缓。观察其间的筹码分布图可以发现，低位锁定的筹码此时几乎已经全部上移到当前价格区间内，形成了一个显著的黑色筹码单峰，明显是主力大量派发造成的。此时即便不进入分时图中，投资者也可以判断出后市股价的走向，因此，需要及时卖出止盈。

第3章

主力建仓与拉升的筹码状态

主力的建仓与拉升手法已经在前面的章节中有过详细讲解，但如何将其应用到实战中与筹码分布结合，投资者可能还比较陌生。尤其是当股价产生一些特殊走势，导致筹码分布出现特殊形态时，投资者更要及时分辨出来。本章就将针对主力建仓与拉升期间的筹码形态进行解析。

3.1 主力建仓时期分析筹码

在前面的内容中提到过，主力在建仓时期可能会通过不同的方法降低自己的持股成本，以达到扩大获利空间的目的，同时也能吸纳更多的筹码，提升控盘度。

那么在此期间，股价走势会因为主力的方法而产生怎样的变化呢？筹码又会相应产生怎样的预示信号呢？本章就将逐一进行解析。

3.1.1 低位横盘，筹码密集

低位横盘是一种非常常见的主力建仓手段，当股价经历过一段时间的滑坡式下跌后，落到某一位置得到支撑后开始筑底震荡，主力就会趁此机会在低位吸纳场内投资者抛售的筹码。

这也会导致越来越多的交易在此区间进行，股价横盘的时间越长，震荡幅度越小，筹码就越可能在震荡区间内形成明显的密集峰，如图 3-1 所示。

技术图示　低位震荡期间的建仓筹码表现

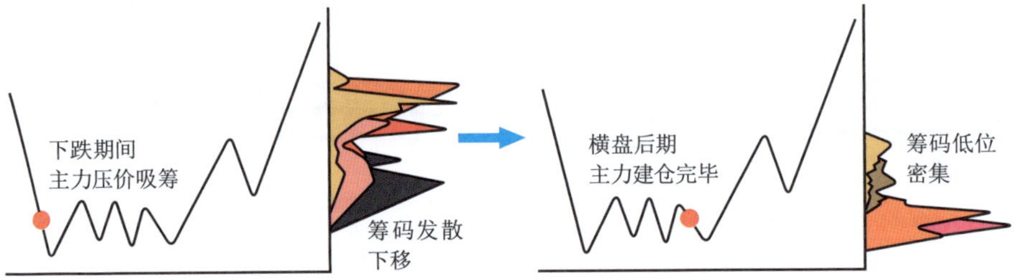

图 3-1　形态示意图

筹码的低位密集形态其实还是分很多种的，有相对较为分散的普通密集形态，也有比较集中的山峰状密集形态，还有高度聚集的针状单峰形态，即密集区间窄小，山峰顶部尖锐，整体仿佛一根针一般。

这种形态在前面的一些案例中已经有所提及，这里就不再单独绘制示意图。投资者只要明白，越是密集的筹码，意味着主力在此交易的数量越大，其控盘程度也可能越高。

当然这也不是绝对的，因为有些主力会在前期股价下跌的过程中就吸纳大量筹码，不会花费太多资金在这种企稳的位置。所以，这里建议投资者在实战中还是要注意将多方信息结合来分析，不能仅凭筹码的密集形态就仓促制订计划。

而当主力的建仓完成后，会挑选某一个合适的时机将股价抬高，进入拉升阶段。这个时候，在前期股价低位横盘期间没有买进的投资者就可以抓住时机建仓。

接下来就进入案例分析中。

实例分析 爱朋医疗（300753）低位横盘建仓时机分析

图 3-2 为爱朋医疗 2024 年 4 月至 9 月的 K 线图。

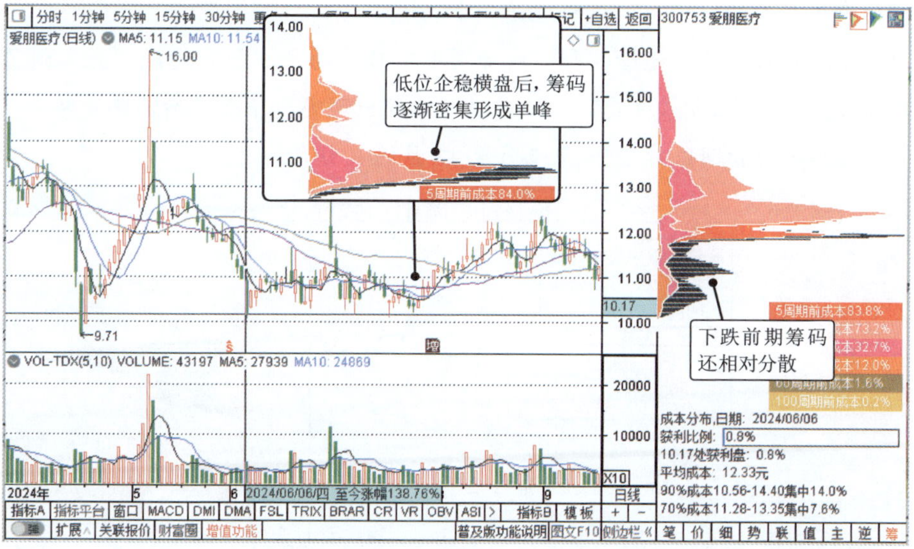

图 3-2 爱朋医疗 2024 年 4 月至 9 月的 K 线图

来观察爱朋医疗的这段走势，投资者可以清晰地看到在前期下跌过程中，成交量有过明显的放量压价表现，说明其中大概率有主力在参与建仓。

比如 2024 年 6 月初，K 线连续收阴下跌时，成交量就有放量的走势。观察当时的筹码分布图可以发现，虽然由于股价的快速下跌，上方留存了大量尚未卖出的被套盘，但是依旧有不少黑色的近期筹码向下转移。说明这段时间内的交易量还是比较大的，进一步证实主力可能参与的推断。

之后价格在落到 10.00 元价位线上方不远处后就企稳并开始横盘震荡。其间中长期均线对价格的压制力度还是比较强的，股价多次反弹都没能彻底向上突破，只有偶尔穿越。

而成交量在此期间也出现了波段式的放大，说明主力很可能在此阶段分批吸纳筹码。一些风险承受能力比较高或者操作风格激进的投资者可以尝试在此阶段内适当买进抄底，但一定不能重仓。

随着时间的推移，进入 8 月后，股价仍然在 10.00 元到 11.50 元的价格区间内波动。此时观察筹码分布图可以发现，上方的不少被套盘都已经向下转移到当前的价格区间内，并形成了一个显著的低位单峰。

结合投资者前期对主力低位建仓的推断来看，后续价格是有机会在短时间内产生拉升的，因此，这里也是一个买进信号。

8 月上旬，股价连续收阳，成功向上突破了两条中长期均线，并来到了 12.00 元价位线上方。这是否意味着拉升已经出现呢？下面来看后续走势。

图 3-3 为爱朋医疗 2024 年 7 月至 11 月的 K 线图。

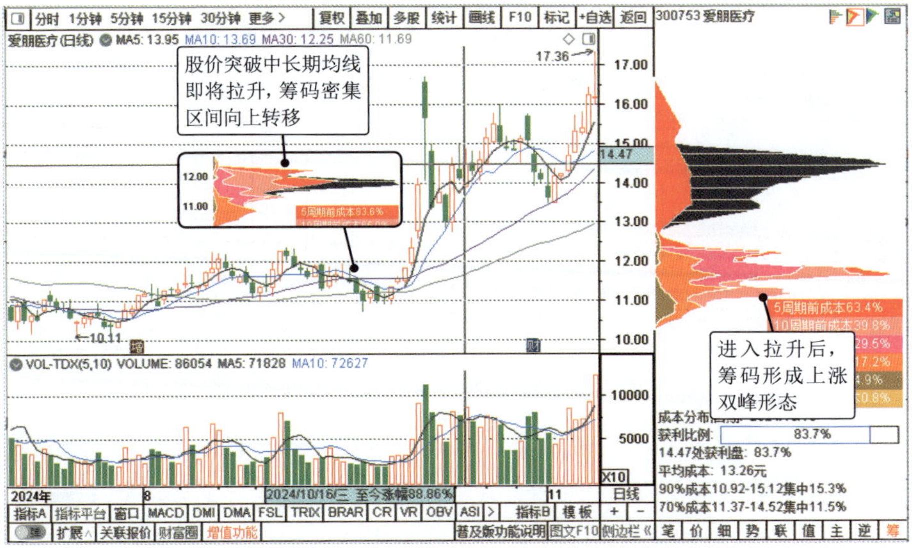

图 3-3　爱朋医疗 2024 年 7 月至 11 月的 K 线图

从图 3-3 中可以看到，该股在两次向上冲击 12.00 元价位线突破无果后回落，低点踩在 60 日均线和 11.00 元价位线上。

观察下跌期间的筹码分布图可以发现，原本聚集在 11.00 元价位线附近的低位峰向上转移了一些，来到了 12.00 元价位线下方不远处。这说明市场积极性还是比较高的，股价一有上涨，就有不少的交易在上方进行。

价格得到支撑后继续向上拉升，并成功越过了数条压力线，清晰地传达出买进信号。不过这一段上涨也不是十分稳定，股价在 17.00 元价位线下方不远处受阻后再次回调，落到 13.00 元价位线上得到支撑后才继续上涨。

观察此时的筹码分布图可以发现，随着价格的回落，有不少的黑色近期筹码在上方交易形成了一个显著的山峰。而在第一次回调期间聚集起来的筹码也并没有完全向上转移，因此，与上方的黑色筹码峰结合形成了筹码的上涨双峰形态。

这是一种积极买进的筹码形态，只要股价没有彻底跌破中长期均线的支撑，投资者就可以保持持有，甚至在合适的位置加仓。

3.1.2 双重底震荡，筹码波动

双重底是一种特殊的筑底形态，是指股价在一次下跌中落到某一支撑线后得到支撑反弹，但没能直接突破压力线，而是在反转后继续下跌，落到与前期低点相近的位置后再次反弹，最终形成一个类似于字母“W”的底部形态。

这种形态看似也是低位震荡，但实际两个波谷之间的距离还是比较远的，并且震荡幅度更大。因此，主力在其间参与吸筹时，筹码的表现也会稍微区分于上面小节中的筹码表现。

不过在双重底的初始下跌期间，筹码还是会呈现出上方筹码分散压制，部分黑色近期筹码下移的状态。当双重底形态进行到后期，筹码会逐渐向中间聚集，且聚集的区间一般处于股价第二次上涨后反复向上试探压力线的位置。

而除在此位置聚集起来的筹码峰外，上下方依旧可能存在一些分散的筹码，如图 3-4 所示。

技术图示 双重底期间主力吸筹

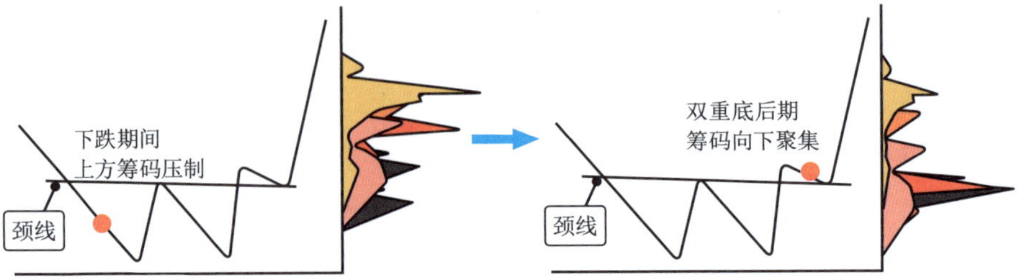

图 3-4 形态示意图

这里投资者需要清楚一点，双重底的成形需要股价第二次向上彻底突破前期压力线才行。这条压力线位于股价第一次反弹受阻的位置，也被称为颈线。

当价格第二次上涨靠近颈线时，可能会在此位置横盘震荡或是小幅回调，并最终成功向上突破。突破的位置就是拉升开启的位置，也是谨慎型的投资者买进的位置。

至于激进型的投资者和风险承受能力较高的投资者，完全可以在双重底雏形出现后就开始建仓。不过这样的风险比较高，毕竟价格尚未彻底突破压力线，投资者要根据自己的操作风格决定何时跟进。

接下来就进入案例分析中。

实例分析 宁波东力（002164）双重底注意选择买点

图 3-5 为宁波东力 2024 年 4 月至 9 月的 K 线图。

在图 3-5 中，宁波东力的股价明显长期处于中长期均线的压制下下跌，并且下跌速度还是比较快的。在此期间，该股还有过几次加速下跌，观察同一时期的成交量可以发现，明显的放大压价行为，说明主力有参与建仓。

观察此时的筹码分布图可以发现，由于价格下跌速度过快，上方还是有大量的被套盘，因此，对价格造成了较大的压力，短时间内难以出现突破，那么投资者也不能在此期间介入。

2024 年 7 月底，价格跌到 3.40 元价位线上方得到支撑，短暂横盘数日后反弹向上，虽然股价成功突破了 30 日均线，但还是在 60 日均线附近受阻并反转下跌。

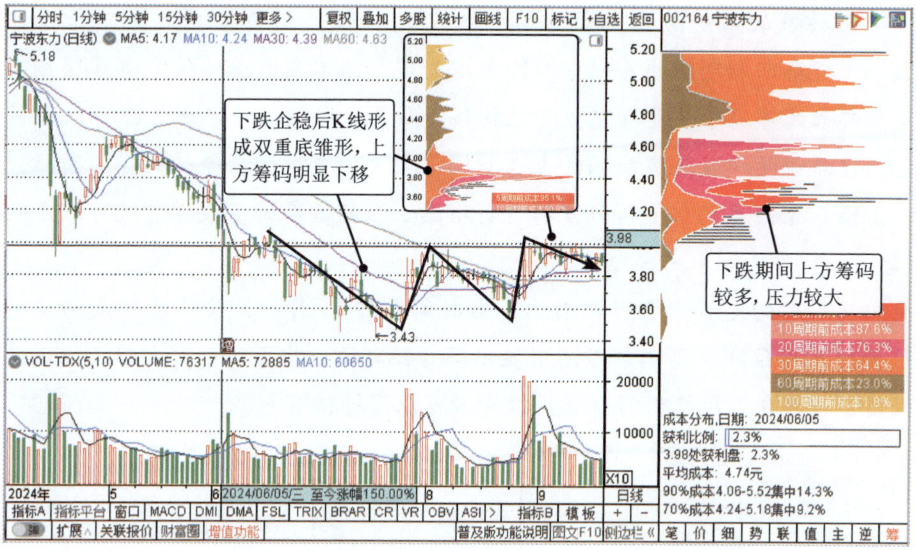

图 3-5 宁波东力 2024 年 4 月至 9 月的 K 线图

约一个月之后，股价再次跌到了与前期低点相近的位置，并在此得到支撑后继续反弹向上，直到遇见前期压力线，也就是 4.00 元价位线。

其实，此时敏锐的投资者已经可以看出一个双重底形态的雏形了，毕竟价格两次下跌又两次被拉起，并且第二次向上试探前期高点，也就是颈线位置后，并没有彻底向下跌破中长期均线，而是在其支撑下横盘震荡。

再看其间的筹码分布图可以发现，上方原本分散的大量被套盘已经向下转移到了当前价格区间内，形成了显著的密集山峰。只要股价在后续能够越过 4.00 元价位线，一波拉升开启的概率是非常大的，那么投资者也就可以在此期间抄底跟进。

下面来看后续走势如何。

图 3-6 为宁波东力 2024 年 7 月至 11 月的 K 线图。

从图 3-6 中可以看到，9 月下旬，股价在 3.80 元到 4.00 元的价格区间内窄幅震荡了一段时间后，最终还是在成交量的放量支撑下成功向上突破了 4.00 元价位线的压制。这也是双重底的颈线，预示着双重底形态的形成，投资者可迅速跟进。

而股价的第一波上涨就来到了5.20元价位线附近，在此受阻后小幅回调。观察回调期间的筹码分布图可以发现，原本在股价低位窄幅震荡期间聚集起来的筹码峰并没有完全向上转移，而是呈现低位锁定状态。

这就说明该股还有较高的上涨空间，主力的仓位还在等待机会。因此，当价格在4.40元的位置得到支撑并有继续上涨的迹象时，投资者就可以借此机会加仓。

从后续的走势中也可以看出，当时间来到11月时，价格已经成功突破了5.20元价位线。筹码分布图中显示下方锁定的一些筹码虽有上移，但还是保留了一部分，后续仍旧看涨，投资者可以保持持有。

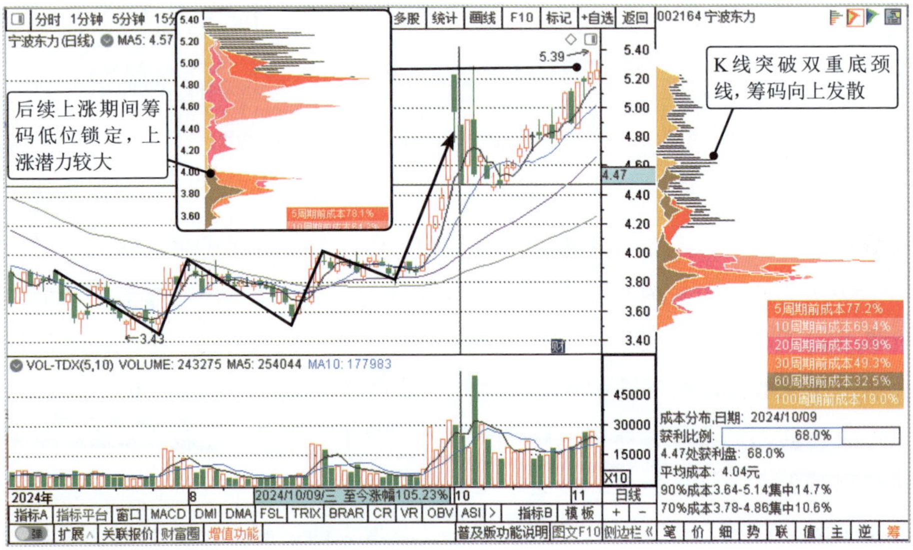

图3-6　宁波东力2024年7月至11月的K线图

3.1.3　头肩底震荡，筹码聚集

头肩底与双重底一样，都是一种特殊的筑底形态，不过其复杂程度要比双重底更高。

股价首先需要经过三次下跌和三次回升。价格在第一次下跌后会在某一位置得到支撑后反弹遇阻；第二次下跌会跌破前期低点，在更低的位置企稳；第三次下跌的低点将会与第一次下跌得到支撑的位置相近，进而形成一个中间低、两边稍高的形态，仿佛一个倒置的人的肩部和头部。

头肩底和双重底一样，都是有颈线的，其颈线就是前两次股价上涨形成的高点连接而成的直线。这个直线不一定水平，它可以斜向上也可以斜向下，只要后续价格能够在第三次上涨中成功突破这条压力线，头肩底就算成立。

而在此期间的筹码表现与双重底类似，也就是在下跌过程中，黑色近期筹码部分向下发散，大量被套盘依旧压制在上方。当价格第三次上涨并在靠近颈线时反复震荡，筹码就会向中间聚拢，形成一个密集单峰，如图 3-7 所示。

技术图示 头肩底的筹码特殊形态

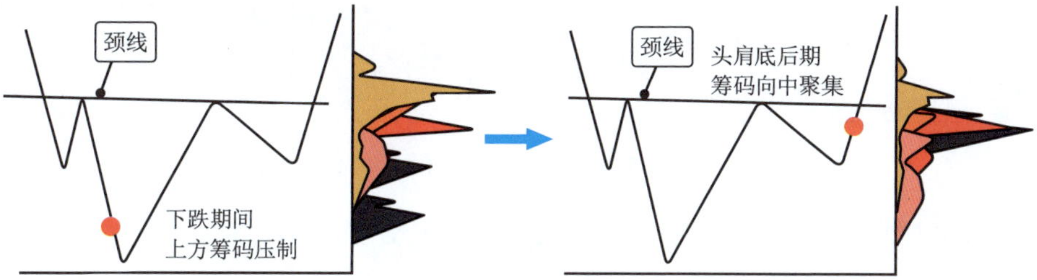

图 3-7 形态示意图

由此可见，投资者可以采取与双重底形态相似的投资策略。那就是在发现头肩底雏形出现后适当建仓试探，当头肩底彻底形成，筹码也向中间聚拢并形成山峰形态时，就可以顺理成章地加仓了。

接下来进入案例分析中。

实例分析 明星电力（600101）头肩底的吸筹介入点

图 3-8 为明星电力 2023 年 11 月至 2024 年 4 月的 K 线图。

从图 3-8 中可以看到，在 2023 年 11 月至 2024 年 1 月初期间，股价还能够保持在中长期均线上方横向震荡，这也导致有大量筹码聚集在此价格区间内。

但在 1 月上旬，K 线出现了连续的收阴下跌走势，并且初始跌速就非常快，成交量也有明显放量。在 1 月下旬，价格落到 7.00 元价位线附近后得到支撑，反弹了数个交易日，最终在10日均线的压制下继续下跌，且跌速与前期几乎一致，成交量也表现出了明显的放大状态。

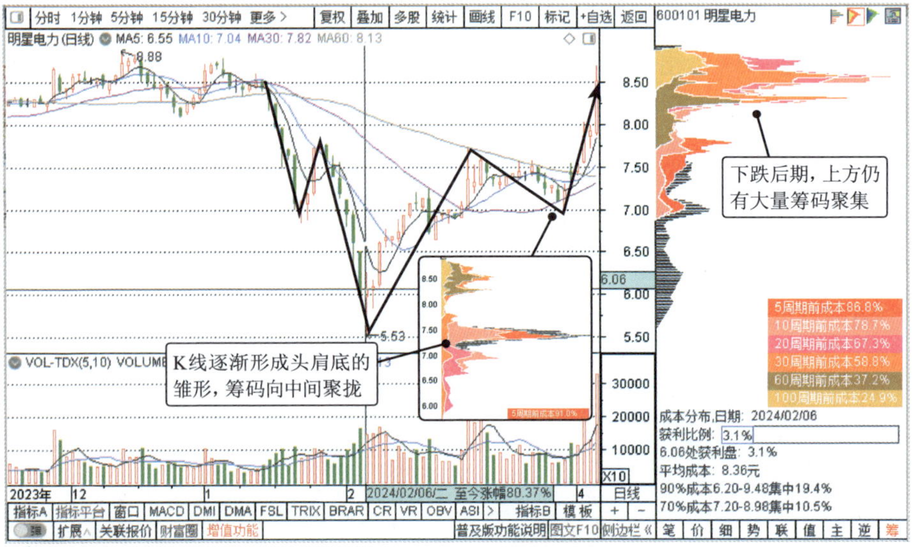

图3-8　明星电力2023年11月至2024年4月的K线图

此时即使不观察筹码分布图，投资者也完全可以肯定有主力在参与压价吸筹，并且手段十分激烈。

在筹码分布图中也确实如此，有大量的黑色近期筹码向下发散。不过由于前期的横盘，上方8.50元价位线附近还是聚集了一批筹码，对价格的上涨形成了一定限制。

继续来看后面的走势，股价在落到最低5.53元的位置后迅速反弹向上，数日后就接触到了30日均线。该股在此短暂整理后成功将其突破，高点来到了7.50元价位线上方不远处，同时也是60日均线经过的位置。

股价沿着60日均线的下行轨迹震荡一段时间后，回调到了7.00元价位线处。这正好是前期股价第一次加速下跌后得到支撑的位置，很明显，一个头肩底的形态已经形成。

虽然股价此时还没有向上突破颈线，但投资者仔细观察该股第三次下跌企稳时的筹码分布图就可以发现，市场中大部分的筹码都已经向中间聚拢到了7.50元价位线附近，上方的压制力度已经减缓，该股还是很有希望形成突破的，激进型的投资者已经可以尝试介入。

下面就来看一下该股后续价格的变动情况。

图 3-9 为明星电力 2024 年 1 月至 5 月的 K 线图。

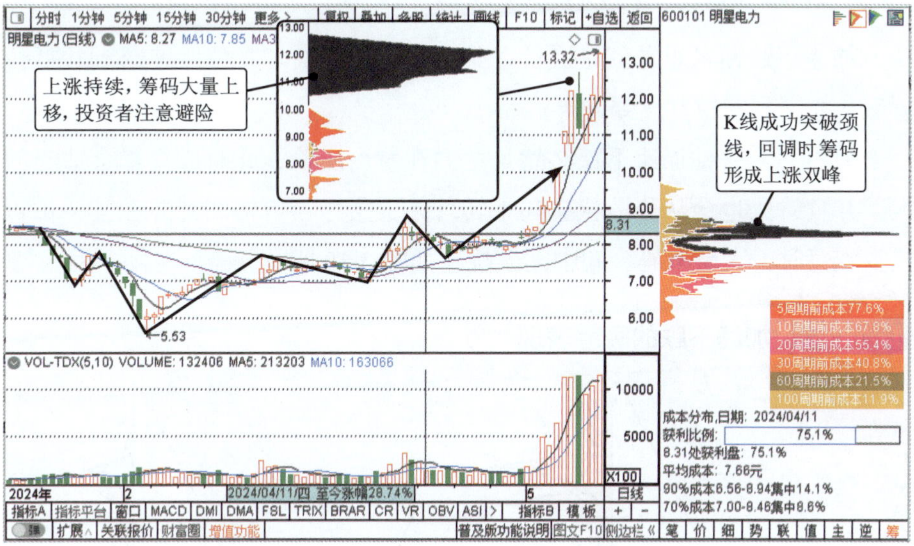

图 3-9　明星电力 2024 年 1 月至 5 月的 K 线图

从图 3-9 中可以看到，在 2024 年 4 月初，股价在成交量的放量支撑下迅速向上收阳，并成功突破了 60 日均线及头肩底的颈线，宣告一波上涨的来临。

不过该股的第一波上涨并没能来到太高的位置，股价在 9.00 元价位线下方不远处受阻后小幅回调，低点踩在 30 日均线上。

观察其间的筹码分布图可以发现，下方 7.50 元价位线附近聚集的筹码并未完全向上转移。而随着价格的回落，许多前期获利盘开始卖出，在当前价位线附近形成了一个黑色的筹码密集峰，同时也与下方的筹码峰结合构筑出上涨双峰形态。

投资者应该清楚这是一个看涨形态，那么当价格落到 30 日均线上得到支撑并横盘窄幅震荡时，投资者就可以抓住这一机会，吸纳更多的低位筹码，以扩大后市的获利空间。

进入 5 月后，股价上涨的速度越发加快。当其来到 12.00 元价位线上方时，观察筹码分布图可以发现，此时市场中大部分的筹码都已经向上移动，并聚集起了一个黑色的密集峰。这是市场大量交易造成的，其中可能包含了主力出货的筹码，因此，投资者要保持警惕，必要时先行卖出止盈。

3.1.4 加速下跌，筹码快速转移

加速下跌顾名思义就是股价在某一段时间内突然加快跌速落到较低位置后，才得到支撑并反弹向上。

很显然，这种加速下跌必然是主力在背后压价，此时成交量会适当放大，并且筹码也会从分散状态向下转移并聚集。当价格回升并在某一位置横盘震荡时，大量筹码会向中间聚拢，如图 3-10 所示。

技术图示 加速下跌的吸筹表现

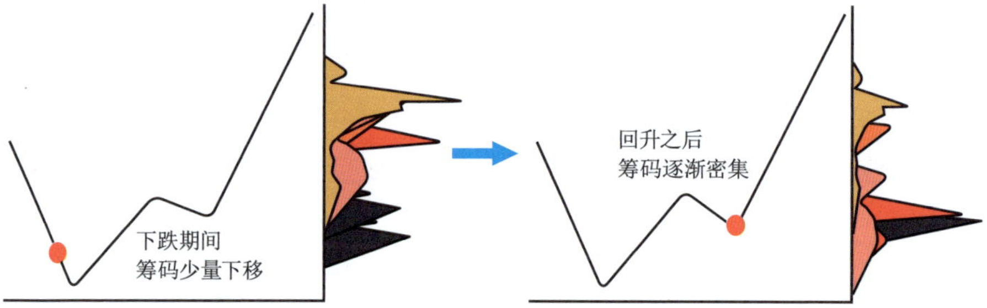

图 3-10　形态示意图

那么，当股价的第二次上涨出现并越过前期高点和筹码峰上边缘时，稳定的上涨阶段也就来临，投资者可以抓住时机买进。

接下来直接进入案例分析中。

实例分析 莱绅通灵（603900）加速下跌注意抄底

图 3-11 为莱绅通灵 2023 年 11 月至 2024 年 3 月的 K 线图。

从图 3-11 中可以看到，在股价下跌之前，莱绅通灵的股价与中长期均线纠缠在一起，缓慢向上运行。但在创出 7.08 元的阶段新高后，价格很快开始收阴下跌，并且跌速越来越快，到后期几乎是在跳空向下运行，一直落到 3.37 元的最低价才得到支撑企稳。

观察其间的成交量可以发现，从股价开始下跌时，量能就有明显的放

大。随着加速下跌的进行，成交量放大的幅度也越来越大，尤其在价格落到3.50 元价位线附近，量能更是拉出单根巨量，明显是有主力在参与压制，意图吸纳低位筹码。

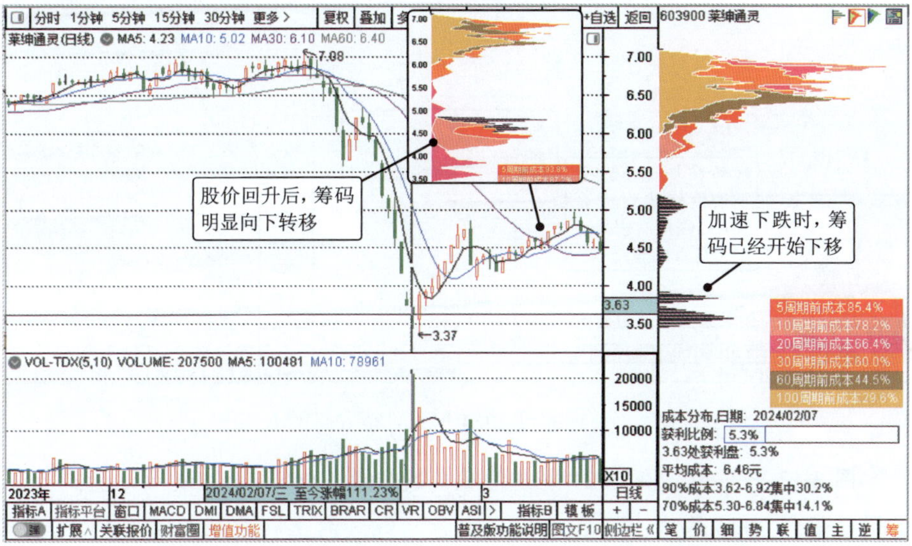

图 3-11　莱绅通灵 2023 年 11 月至 2024 年 3 月的 K 线图

再看此时的筹码分布图可以发现，已经有不少的黑色近期筹码向下转移，不过上方还是存在着大量的压力盘。在价格尚未成功突破中长期均线的压制之前，谨慎型的投资者最好都不要买进。

至于激进型的投资者和风险承受能力较高的投资者，可以在股价反转的同时适当建仓，但一定要注意仓位管理。

继续来看后面的走势，股价在 3.50 元的价格区间内反转后迅速向上，短时间内冲到了 5.00 元价位线下方不远处。该股在此受阻后小幅回调并继续上升，但直到 3 月底都没能突破 5.00 元价位线。

此时的筹码分布图中也显示，虽然在此区间内聚集了一些筹码，但上方还是有不少压力盘存在，谨慎型的投资者仍需要保持观望。

接下来看该股后面走势如何。

图 3-12 为莱绅通灵 2024 年 1 月至 6 月的 K 线图。

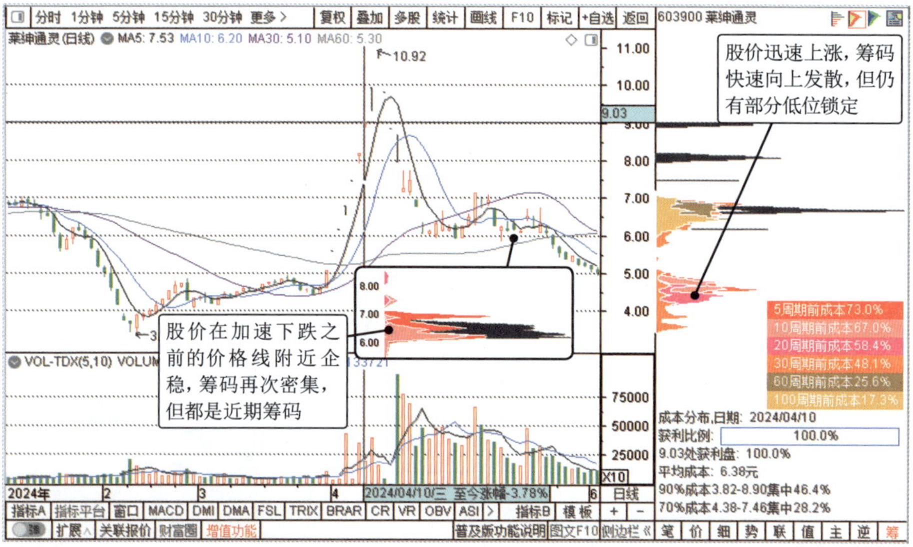

图 3-12　莱绅通灵 2024 年 1 月至 6 月的 K 线图

图 3-12 中显示，在 2024 年 3 月底，股价于 5.00 元价位线附近受阻后，小幅回落到 30 日均线上，在此得到支撑后继续向上。前两日该股的上涨速度还算稳定，到了第三日，股价突然出现一字涨停越过 60 日均线，且在后续连续涨停。

短时间内的价格上涨带来了巨大的收益，同时也造成了大量的交易单拥堵。因此，当股价开板交易后的短短一段时间内，大量买卖单的换手造成市场中出现了断层式的筹码分散。

不过观察筹码分布图还是可以看到，在上涨期间，4.00 元到 5.00 元的价格区间内聚集了一些低位锁定的筹码，说明主力尚未完全出货，后续还有一定获利空间，但为了规避这种短期大幅上涨后可能迎来的短期大幅下跌，谨慎型的投资者还是以先行卖出为佳。

4 月上旬，股价创出 10.92 元的近期新高后迅速向下反转，连续跌停数日，才在 6.00 元价位线的支撑下企稳震荡。

此时观察筹码分布图可以发现，上下方大量筹码向中间聚集，说明市场反应速度极快，许多投资者都已经在此位置卖出。前期被套盘最好还是先行出局，否则可能会遭受更大的损失。

3.2 主力初步拉升时观察筹码

拉升阶段是主力的盈利阶段，同时也是投资者的绝佳获利机会。在此阶段可能会出现一些比较特殊的 K 线形态，而不同的 K 线形态又会导致筹码呈现出不同的聚集和发散状态。本节就将针对一些比较常见的拉升期间的 K 线形态和筹码形态进行解析。

3.2.1 突破压力线时的筹码

股价突破压力线是拉升期间的关键时刻，这个压力线可以是前期股价横盘震荡而形成的区间上边缘价位线，也可以是在股价回调后，对价格形成压制的中长期均线，还可以是股价在初始上涨期间需要突破的筑底形态的颈线。

本节介绍的就是第一种情况，即股价在受阻后横盘震荡期间形成的压力线。在此阶段，市场上的大部分筹码都可能会集中到这一震荡区间内，形成密集形态，且筹码峰的上边缘应当位于压力线附近。

在后续价格成功向上突破关键价位线时，筹码分布图中的近期黑色筹码也应当向上突破筹码峰，并开始发散，如图 3-13 所示。

技术图示 股价突破关键压力线与筹码峰

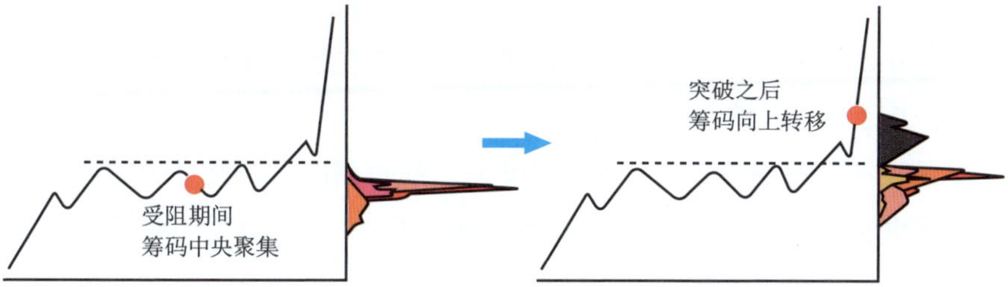

图 3-13 形态示意图

因此，这一形态中的买入点就很明确了。一是在股价横盘期间，只要投资者确定其不会彻底跌破前期低点或者是关键支撑线，就可以趁机在低位买进或者加仓。二是在突破压力线的同时介入，这一位置买进的成本比较高，但是相对会安全一些，适合一些谨慎型的投资者和风险承受能力较低的投资者采用。

接下来就进入案例分析中。

实例分析 每日互动（300766）抓住拉升期间的突破时机

图 3-14 为每日互动 2024 年 6 月至 11 月的 K 线图。

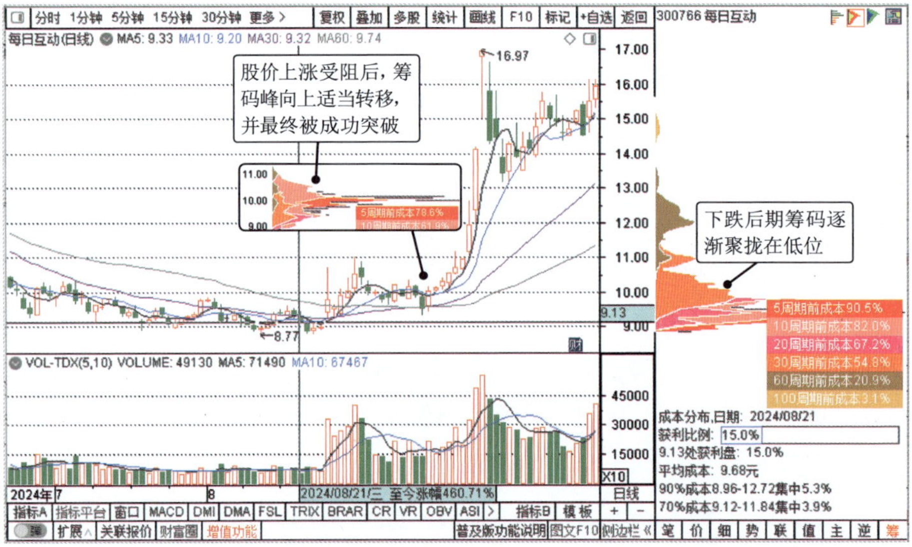

图 3-14　每日互动 2024 年 6 月至 11 月的 K 线图

来看每日互动的股价情况，从图 3-14 中可以看到，在 2024 年 8 月底之前，该股都一直处于中长期均线的压制之下缓慢向下震荡，直至下跌创出 8.77 元的最低价后才企稳横盘。

但该股也没有横盘多久，在 8 月底时，股价就随着成交量的放大支撑而向上突破中长期均线，来到了 11.00 元价位线下方。这可能是一个反弹信号，也可能是新行情开启的信号，此时投资者就需要回过头来分析前期低位横盘期间的筹码分布图。

从右侧的窗口中可以看到，当价格企稳时，上方筹码已经开始逐渐聚拢在低位，虽然相对来说比较分散，但是一个筹码单峰还是能够清晰呈现的。

那么当价格在 11.00 元价位线处受阻后回调到 60 日均线上，不破前期低点，同时，筹码分布图中也显示有大量筹码聚集在当前价位线附近，形成显著单峰时，投资者就可以分析出一波强势反弹或者是上涨行情的到来，进而及时在低位买进。

从后续的走势中也可以看到，在数日之后，随着成交量的持续放大，股价被推动向上，并成功越过了 11.00 元价位线的压制，同时也突破了筹码峰的上边缘，预示着一波强势上涨的到来，还没买进的场外投资者要抓住机会迅速介入。下面来看该股后续的走势如何。

图 3-15 为每日互动 2024 年 9 月至 2025 年 3 月的 K 线图。

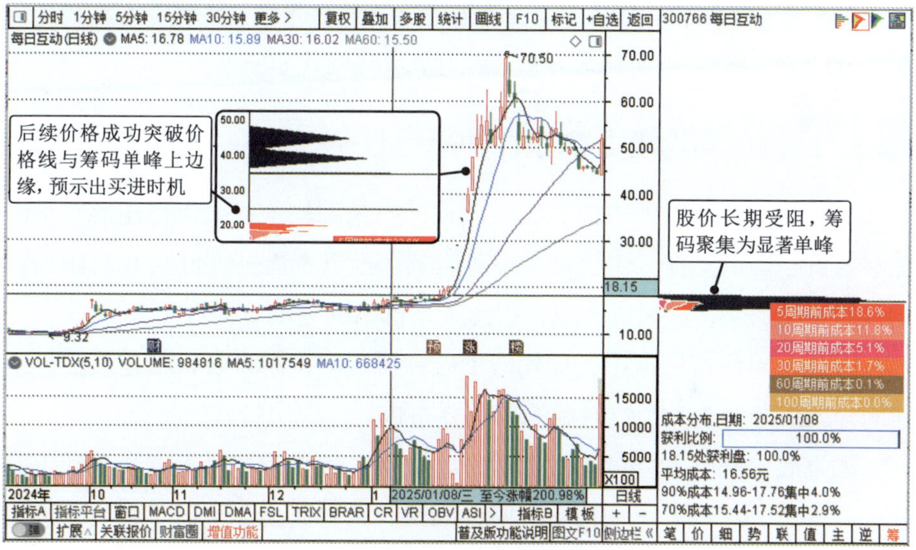

图 3-15 每日互动 2024 年 11 月至 2025 年 3 月的 K 线图

从图 3-15 中可以看到，到了 2024 年 10 月初，股价已经上涨到了 18.00 元价位线下方不远处，并在此受阻后小幅回调，低点落在 10 日均线附近后长期窄幅横盘震荡。

这一次横盘运行了将近四个月的时间，虽然股价低点始终没有跌破关键支撑线，也就是中长期均线，但是由于停滞时间太长，还是有不少获利盘先行卖出，等待第二波拉升。同时，也有许多场外看多的投资者意图在低位跟进，因此，在此价格区间内造成了大量的交易。

到了 2025 年 1 月初时，观察右侧的筹码分布图可以发现，市场中的所有筹码几乎都已经聚集到了当前价位线附近，并且大部分都是黑色的近期单峰，说明交易活跃度开始上升。成交量的放量也证实了这一点。这些都意味着变盘可能即将来临，投资者要保持高度关注。

真正的变盘出现在 1 月中旬，股价在成交量的放量推动下迅速向上越过前期横盘的高点及筹码单峰上边缘，并且拉出了连续的涨停。观察上涨期间的筹码分布图可以发现，断层式分散现象十分清晰。

同时，原本聚集在 20.00 元价位线下方的筹码单峰迅速上移，意味着有大量获利盘在股价开板之后抛售，这对价格的持续上涨是很不利的。而除此之外，连续大幅上涨后价格可能会自然迎来连续的下跌，当投资者发现股价在 70.00 元价位线附近受阻后开始反转时就要迅速卖出止盈了。

3.2.2 回调得到均线支撑时的筹码

从前面的大量案例中投资者可以看出中长期均线的关键作用，它不仅能够为价格提供支撑，也会对其形成压制。投资者通过分析 K 线对中长期均线的穿越形态，还可以大致分析出未来价格的变动方向。

因此，当价格回踩中长期均线不破并再次向上攀升时，就是投资者绝佳的介入机会。当然，这时候的筹码分布也会呈现出特殊的状态。

如果股价回踩的幅度不大，规律性较强，那么筹码峰可能会呈现出一波一波上移的状态。比如第一次股价回踩时，筹码会在当前价格线附近聚集起来，而随着第二次拉升的进行，这些筹码会逐步向上移动，并在第二次回踩的同时再次聚集，呈波段式上移，如图 3-16 所示。

技术图示 股价回踩均线时的筹码移动

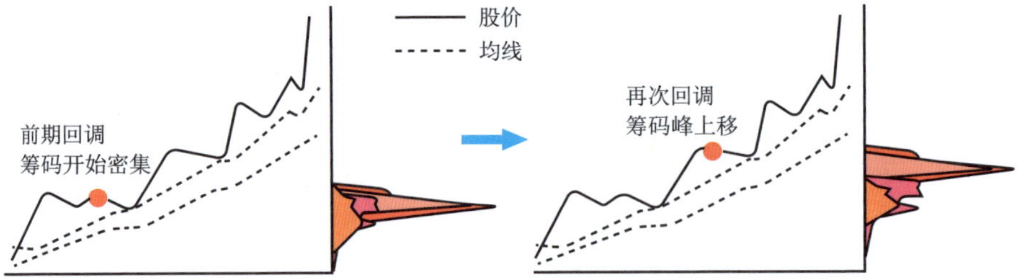

图 3-16 形态示意图

在这种持续爬坡的形态下，部分筹码可能会停滞在下方，呈现出锁定状态，待到价格上涨到满意的高度，或者是遇到较强的回调时，才会转移到上方出局。

而如果市场活跃度非常高，那么筹码峰可能会非常完整地跟着股价回调的步伐向上移动。这种情况下也建议投资者跟着筹码峰走，将一段完整的上涨拆分成数段短期操作，降低长期持股的风险。

如果是中长线投资者不愿意频繁操作的，就可以根据自己的情况适当调整，比如上升几个波段后再卖出，实际还需根据具体情况来分析。

接下来就进入案例分析中。

实例分析 双林股份（300100）反复回踩均线的筹码表现

图 3-17 为双林股份 2024 年 8 月至 2025 年 1 月的 K 线图。

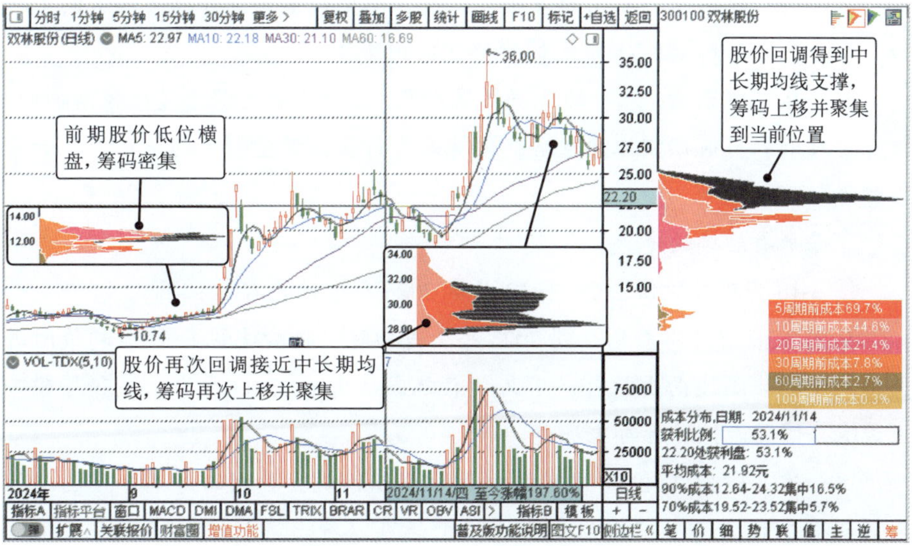

图 3-17 双林股份 2024 年 8 月至 2025 年 1 月的 K 线图

图 3-17 中的中长期均线表现意味着双林股份的股价当前正处于上涨行情之中，并且两条均线对 K 线形成了强力的支撑作用，价格在此期间只是稍有跌破，并没有彻底击穿。

2024 年 9 月中旬，股价回升至中长期均线上方后，稍有横盘整理。观察其间的筹码分布图可以发现，有大量筹码聚集在当前震荡区间内，形成了显著的单峰。那么当后续在价格迅速向上突破单峰上边缘及前期压力线时，投资者就可以抓住时机买进。

从后续的走势中可以看到，该股的这一波上涨在25.00元价位线上受阻，向上试探多次后没能突破成功，于是回落整理。

观察其间的筹码分布图可以发现，在上一次回调期间聚集在12.00元价位线附近的筹码峰已经基本向上转移到了22.50元价位线附近，原本的聚集位置处只剩下部分锁定筹码，说明市场还是看好该股的。

后续股价的低点跌破30日均线，踩在60日均线上得到支撑。在11月底，该股继续向上并成功穿越25.00元的压力线，同时也突破了前期筹码单峰上边缘，形成又一个买进信号，投资者可根据自身情况决定是否加仓。

继续来看后面的走势，在突破成功后，股价于36.00元价位线上受阻后再一次回调。观察回调期间的筹码分布图，图中显示大量筹码又一次向上转移，开始在20.00元到32.00元的价格区间内密集。

虽然从整体来看，此时的筹码稍显发散，但是上移走势还是比较清晰的，投资者可采取与前期相似的策略，那就是先行卖出观望，等到下一波拉升来临时再介入。

下面来看后续的走势。

图3-18为双林股份2024年12月至2025年3月的K线图。

从图3-18中可以看到，到2025年1月初时，股价跌到了30日均线附近并得到支撑，迅速向上拉升，不久之后就成功突破35.00元价位线和筹码峰上边缘，催促着投资者再次买进。

这一次，股价在40.00元价位线附近受阻回调。其间的筹码分布图中显示筹码峰上移到了当前价位线附近，由此可以看出这一次该股的运行情况和之前的相差无几，那么投资者的策略也应当保持稳定，同时更加注意股价上涨到高位后的反转风险。

2月底，股价在50.00元价位线上受阻后再次回调，并在筹码分布图中形成了上涨双峰形态。这意味着下方筹码正在逐步向上转移，但也有不少看多盘留存，等待时机，投资者可保持持有，以扩大获利空间。

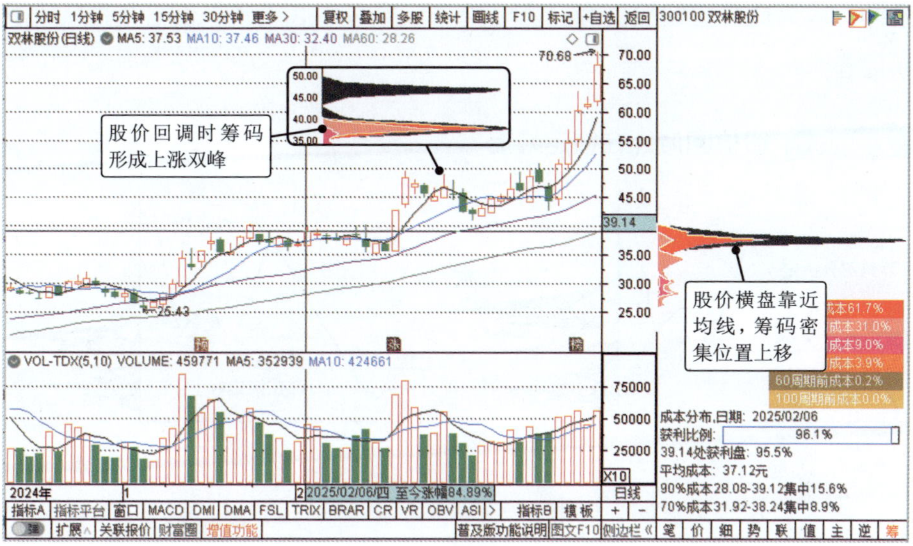

图 3-18　双林股份 2024 年 12 月至 2025 年 3 月的 K 线图

3.2.3　窄幅回调得到锁定峰支撑

经过这么多案例的学习，投资者应该明白了低位锁定峰的含义，也就是股价上涨的过程中，低位的一部分筹码没有跟随上移，而是长期保持看多，等待卖出时机。

低位锁定的筹码越多，越可能是主力的仓位。只要筹码没有完全移动到上方，投资者就可以跟随主力的步伐保持持有。

但是在上涨过程中，股价还是会有频繁波动，有时候回调幅度较大，甚至会跌破中长期均线，但其只要在前期低位锁定峰的上边缘附近得到支撑并回升，就足以证明还不是下跌行情开启的标志，只是一次深度回调，如图 3-19 所示。

这一形态对于中长线投资者来说意义较深，毕竟这关系到行情是否逆转，中长线投资者是否需要彻底卖出。

但对于短线投资者来说就没有必要进行复杂操作了，一般分段操作的投资者完全可以在股价回调的同时就卖出，当其落到低点得到支撑后再买进即可。因此，短线投资者只需要关注该形态的低点，当价格企稳后再重新建仓。

技术图示 股价回调踩在锁定峰上

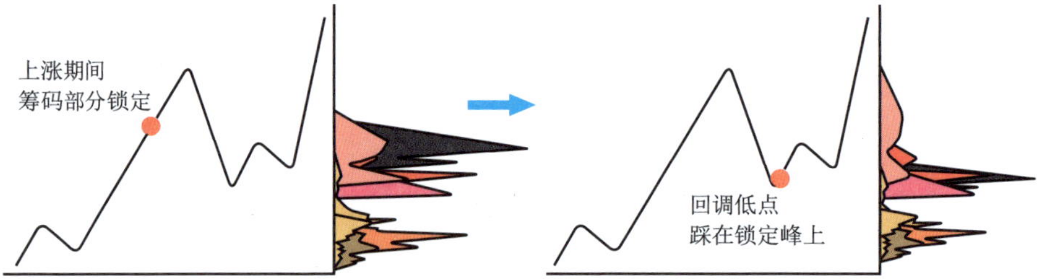

图 3-19 形态示意图

接下来就进入案例分析中。

实例分析 海洋王（002724）股价回踩锁定峰企稳

图 3-20 为海洋王 2024 年 6 月至 11 月的 K 线图。

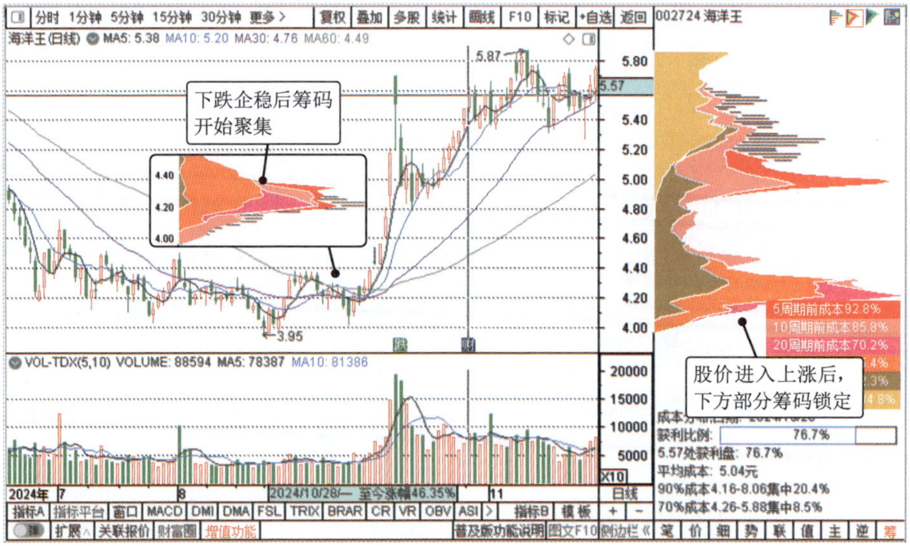

图 3-20 海洋王 2024 年 6 月至 11 月的 K 线图

从图 3-20 中可以看到，在 2024 年 9 月上旬之前，中长期均线对该股形成了较强的压制，股价一路下滑至 3.95 元的位置才企稳并横盘震荡。此时来观察震荡后期的筹码分布图可以发现，已经有不少筹码开始向下聚集到当前位置，形成了一个比较钝的山峰。

后续不久，成交量开始持续放大，并推动股价上行。在越过两条中长期均线之后，该股进一步加快上涨速度，第一波就冲到了 5.60 元价位线上方，短期涨幅还是比较大的，一直处于观望的投资者可以尝试跟进。

该股在此附近受阻后回调至 10 日均线上，稍微整理一段时间便重拾升势。在上涨期间观察筹码分布图可以发现，当价格开始拉升后，因为前期股价低位横盘而聚集起来的低位筹码并没有完全上移，而是呈现出锁定状态，说明其中可能有主力的仓位在等待时机，投资者要注意观察价格走向。

下面来看后续的走势。

图 3-21 为海洋王 2024 年 8 月至 2025 年 3 月的 K 线图。

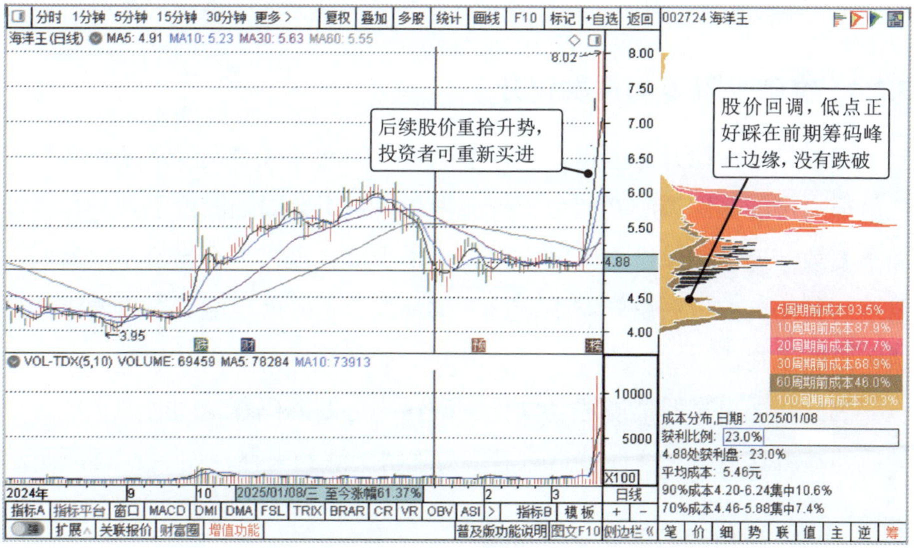

图 3-21　海洋王 2024 年 8 月至 2025 年 3 月的 K 线图

从图 3-21 中可以看到，该股的第二波上涨来到了 6.00 元价位线下方不远处，在此受阻后小幅回落到 5.50 元价位线附近，同时也是 30 日均线上。该股在此横盘震荡了一段时间，随后再次向上发起冲击，但最终也没能突破 6.00 元的关键压力线。

且在后续不久，股价就进入了快速下跌之中，一路向下跌破 30 日均线和60日均线，并带动两条均线向下扭转，呈现出明显的反转迹象。

但是，投资者只要仔细观察股价回落期间的筹码分布图就可以发现，4.00元到4.50元的价格区间内仍旧有不少的锁定筹码没有移动，并且股价回调的低点正好踩在4.50元价位线上方，也就是在这个低位锁定峰的上边缘得到了支撑。

从理论上来看，这并不是上涨行情终结的标志，可能是主力进行的一次激烈震仓，还没有离场的中长线投资者可以保持持有，已经在股价下跌的同时卖出的短线投资者也可以继续观望。

这一点从后续的走势中可以进一步证实，股价沿着5.50元价位线横向震荡，震荡幅度越来越小。到2025年3月中旬时，主力可能积蓄了足够的力量，一举将价格快速上推，形成连续涨停的短期大幅上涨，为坚守其中的投资者带来了丰厚的收益，同时，场外投资者也可以迅速介入，再一次盈利。

3.2.4　突破受阻筹码再次拉升

如果股价在拉升之前进行过幅度比较大的回调或者是呈下跌走势，筹码就很有可能在回调的初始位置形成聚集，且不会跟随股价下跌的步伐而向下发散。这说明该价格区间内聚集了不少被套盘，那么当价格快速向下跌落到某一支撑位后反转向上，这一部分被套筹码就可能对股价的上涨形成一定的压制。

因此，如果个股能够成功向上突破这一远期筹码峰，同时黑色的近期筹码能够将其覆盖，往往就意味着一波强势上涨的来临，如图3-22所示。

技术图示　股价突破前期受阻筹码

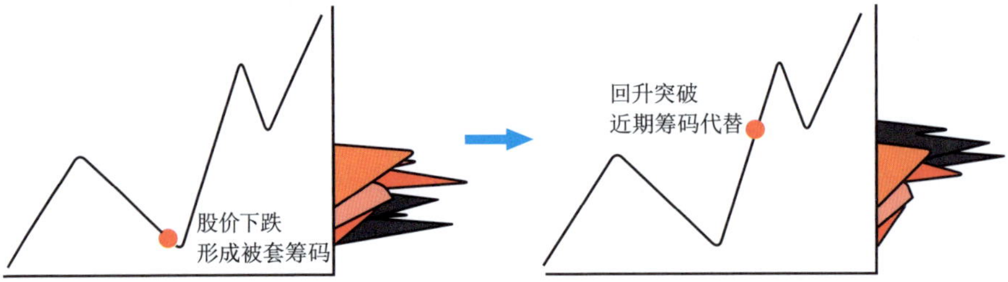

图3-22　形态示意图

由此可见，在前期下跌的过程中，投资者要保持观望，激进型的投资者可以在股价触底反转的同时跟进，而谨慎型的投资者最好等到股价彻底突破前期压力线和筹码峰之后再建仓，避免股价反弹到压力线附近后受阻回落，造成损失。

接下来就进入案例分析中。

实例分析 远东传动（002406）股价突破前期筹码

图 3-23 为远东传动 2023 年 5 月至 7 月的 K 线图。

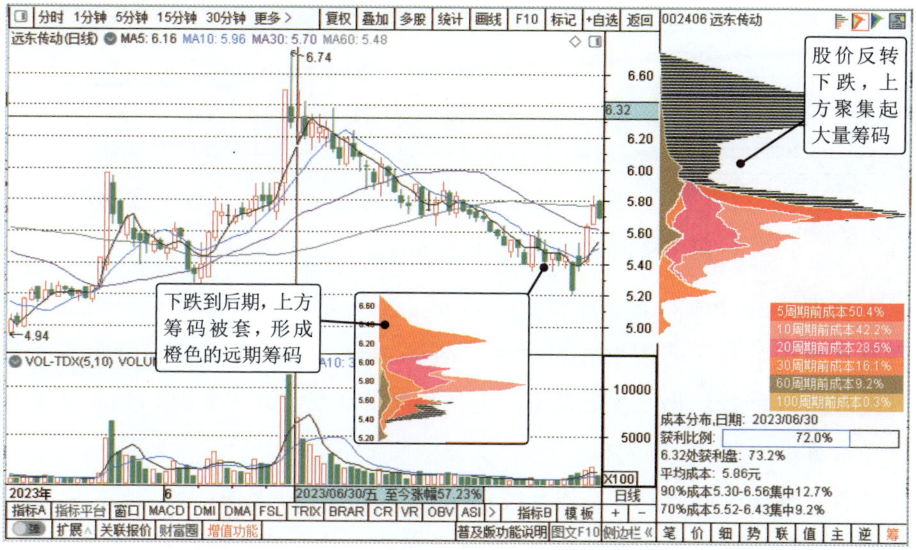

图 3-23　远东传动 2023 年 5 月至 7 月的 K 线图

来看远东传动的这段走势，在 2023 年 5 月至 7 月这段时间内，该股明显经历了一次涨跌变化，并且反转的速度还比较快，下跌趋势稳定。

在反转的同时观察筹码分布图可以发现，上方聚集起了大量的黑色筹码，说明有不少卖盘在此抛售。

而随着时间的推移，当价格跌到 5.40 元的位置时，再看筹码分布图，上方黑色的近期筹码已经转变为橙色的远期筹码，说明有一部分被套盘依旧待在场内没有卖出。

下面就来看这些筹码会对股价的后续造成怎样的影响。

图 3-24 为远东传动 2023 年 6 月至 10 月的 K 线图。

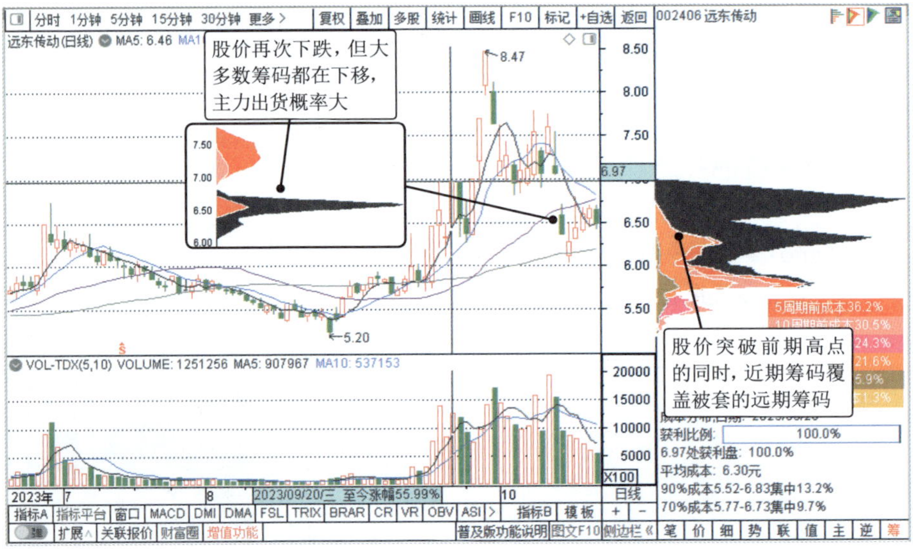

图 3-24　远东传动 2023 年 6 月至 10 月的 K 线图

从图 3-24 中可以看到，该股在跌出 5.20 元的低价后迅速反转向上，并在数日后成功突破两条中长期均线。在 60 日均线附近，股价横盘震荡一段时间后继续向上拉升，在稍微受阻震荡后还是成功突破了前期回调的高点，传递出买进信号。

再观察此时的筹码分布图，图中显示原本在 6.50 元附近聚集的橙色远期筹码已经被上行的黑色筹码覆盖，意味着新的一波上涨已经开启并较为稳定，后续还有一定的拉升空间，投资者可以继续持有。

但投资者一定要注意股价创出新高后反转下跌，筹码分布图中黑色近期筹码向下发散时传递出的危险信号，从而及时撤离。

第4章

主力震仓与出货的筹码状态

主力的震仓与出货分别代表着不同的操盘阶段，前者是为了减轻拉升压力，后者则是为了兑现收益。虽然目的不同，但二者在某些时刻会呈现出相似的状态。为了更好地分辨和决策，投资者需要对主力震仓和出货过程中可能出现的特殊形态和筹码状态进行深入解析。

4.1 主力震仓注意筹码反应

前面的章节已经详细解释了什么是主力的震仓行为，简单来说就是通过短期的下跌清除场内不坚定的获利盘，防止其在后续持续的拉升中制造抛压。因此，它发出的是短期看跌，但是长期看涨的信号。

但在有些时候，主力的震仓和出货手法非常相似，因此，投资者有必要通过筹码分布图及 K 线的某些特殊形态来进一步判断是否卖出。下面就挑选几种常见的主力震仓手法来分析其中的要点。

4.1.1 回调初期的筹码双峰

筹码双峰一般是在股价回调初期形成的，并且股价已经上涨了一段距离，其中的低位峰大多是在股价前期横盘期间聚集形成的。随着价格的上涨，这些低位筹码并没有完全跟随上移。

而当价格遇到阻碍回调下跌时，部分投资者会在此获利卖出，因此，会在当前位置形成又一个近期的黑色山峰，与前期低位聚集起来的筹码峰结合形成上涨双峰形态，如图 4-1 所示。

技术图示 回调开始，筹码部分上移为双峰

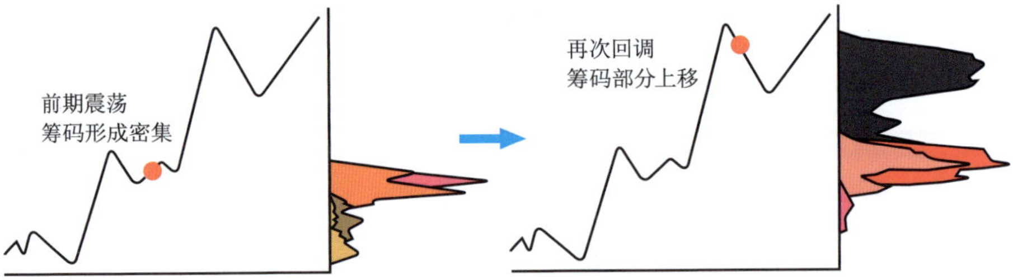

图 4-1 形态示意图

在大多数情况下，上涨双峰发出的都是积极信号，并且随着回调的持续和股价的企稳，筹码低位峰会逐渐向上转移到高位峰内。

如果后续价格还会形成回调，那么上涨双峰可能会再次出现。这个时候，原本的高位峰就会转变为低位峰，而新的高位峰会在回调的位置形成，就这么源源不断，价格带动着筹码向上移动，形成稳定的看涨信号。

当然，不是每一个筹码双峰都会发出上涨信号，如果股价在回调后持续下跌并击穿关键支撑线，市场就有可能转入下跌行情，这个双峰就不能被看作上涨双峰。具体的将会在后面的小节中详细解释，本节仅介绍发出积极信号的上涨双峰形态。

那么投资者应当采取怎样的策略呢？实际还是要根据投资者的风险承受能力和操盘风格来决定。

比如中长线投资者，只要价格在回调期间不彻底击穿关键支撑线，就可以不予理会；而短线投资者为保安全，可以在股价回调，筹码形成上涨双峰的同时卖出，将前期收益兑现，后续价格若还能上涨，这部分投资者再次买进即可。

接下来就进入案例分析中。

实例分析 **湖南投资（000548）上涨双峰预示回调**

图 4-2 为湖南投资 2024 年 7 月至 12 月的 K 线图。

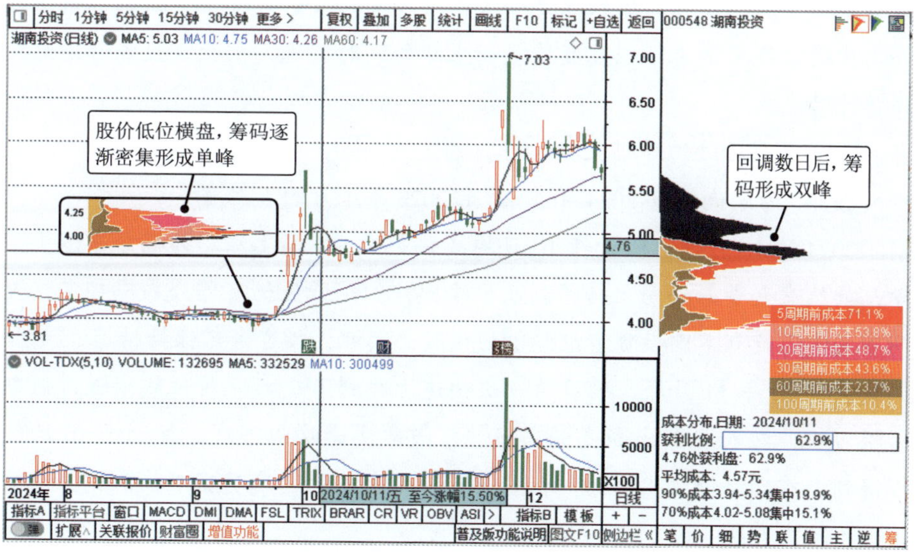

图 4-2 湖南投资 2024 年 7 月至 12 月的 K 线图

从湖南投资的这段股价走势中可以看到，在 2024 年 10 月之前，股价长时间在 4.00 元价位线上方不远处横盘震荡，K 线与中长期均线纠缠在一起，呈现出不甚明朗的状态。

随着横盘的持续，筹码分布图中的大部分筹码都开始向下聚集到当前震荡区间内，形成一个显著的单峰，说明有大量投资者在场内等待机会，投资者可保持高度关注。

9 月底，变盘的时机终于到来，股价在成交量的突兀放量支撑下迅速向上跳空，并形成了一个一字涨停。后续价格在开板交易后也并没有下跌，而是在短期内向上冲到了 5.50 元价位线上方，短期涨幅巨大，吸引不少投资者介入。

不过在 5.50 元价位线上方不远处受阻后，股价开始收阴回调，向下靠近 10 日均线。此时的筹码分布图中显示，有大量近期筹码开始在当前价格区间内聚集起来，形成了一个筹码峰。

在更低的位置，原本因为前期股价低位横盘而聚集起来的筹码单峰并没有完全向上转移，二者由此形成了一个上涨双峰形态。

而随着价格在 10 日均线附近企稳横盘，并出现继续上涨的趋势时，投资者就可以进一步判断这仅仅是一次幅度较大的震仓。那么，随着价格下跌而卖出的短线投资者可以在股价重新上涨的同时买进，中长线投资者则继续保持持有。

下面来看后续的筹码表现如何。

图 4-3 为湖南投资 2024 年 10 月至 2025 年 1 月的 K 线图。

2024 年 10 月底，股价在 10 日均线的支撑下重新上涨。筹码分布图中显示，虽然有大量筹码向上转移到高位峰中，但是低位仍有部分筹码锁定，说明市场中还是有不少投资者继续看好该股，因此，投资者可保持持有。

在 2024 年 11 月底，股价再一次快速上冲到了 7.00 元价位线附近，短期涨幅可观，然而在创出新高的当日，K 线就快速收阴下跌，落到 10 日均线上得到支撑后缓慢向上移动。但是此后价格上涨的速度明显不如前期，说明市场推动力有所下降。

当股价来到 6.00 元价位线附近滞涨横盘时，筹码分布图中显示，下方原本锁定的筹码已经基本向上转移完毕，并聚集到 6.00 元价位线附近形成了一个显著的高位单峰。

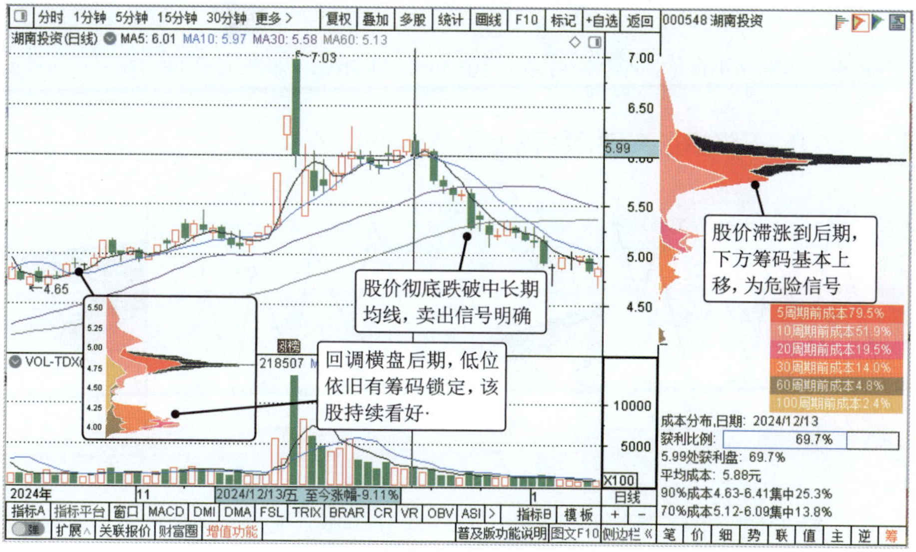

图 4-3 湖南投资 2024 年 10 月至 2025 年 1 月的 K 线图

这与前期股价回调结束后上涨期间的筹码分布表现，即上涨双峰形态还是有较大区别的，简单来说就是危险信号更强烈。为保住前期收益，建议投资者及时卖出。

后续股价的走势也证实了这一推测，K 线连续收阴下跌，迅速击穿了两条中长期均线，还在后续将其带动扭转向下，形成了明确的反转信号。这说明个股即将迎来的不是深度回调就是下跌行情，还没有撤离的投资者要抓紧时间了。

4.1.2 下降旗形受筹码峰支撑

下降旗形是一种比较特殊的回调形态，它指的是股价在回调的过程中规律性地上下震荡，分别连接震荡的低点和高点，会得到一个双线平行向下的价格轨道，仿佛一面展开的旗帜。随着回调的结束，股价会向上突破下降旗形的上边线，并在回踩确认其支撑力后继续上涨。

这个时候的筹码分布表现就比较关键了，在价格构筑下降旗形期间，市场中的大部分筹码应当都会聚集到这一震荡区间内，形成一个比较明显的密集形态。

而随着价格的向上突破，大量的黑色近期筹码会向上转移，覆盖掉前期震荡区间内的部分高位筹码，并持续向上分散，如图 4-4 所示。

技术图示 **下降旗形突破，筹码上移**

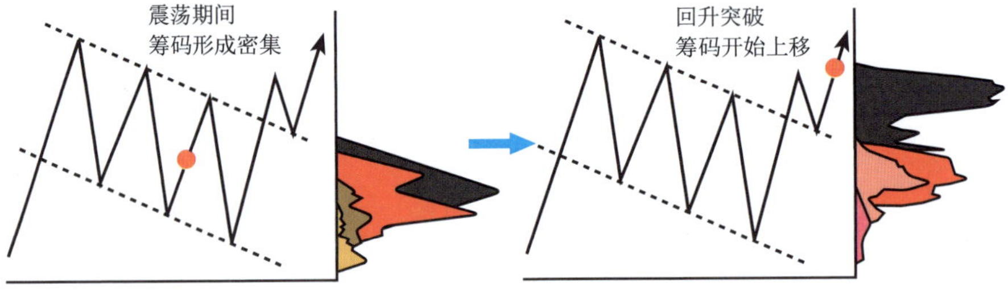

图 4-4　形态示意图

一般来说，下降旗形形态还是比较好分辨的，因为股价并不会在每次回调期间都形成如此规律的震荡。而且这种形态的回调深度一般较大，甚至会击穿中长期均线，所以不常出现。

因此，对于短线投资者来说，在下降旗形还没有被完全确认之前，就可以先行卖出。而当下降旗形形态比较清晰之后，这部分投资者就可以根据股价与两条平行线之间的位置关系来判断反转的时机。

当价格有向上突破的迹象，或者回踩的低点并没有落到下边线时，投资者就可以给予高度关注，因为这是价格可能即将变盘向上的标志。除成本分布图外，投资者还可以借助成交量的放量表现来判断。

接下来就进入案例分析中。

实例分析 **博通集成（603068）股价突破下降旗形的筹码**

图 4-5 为博通集成 2024 年 10 月至 2025 年 2 月的 K 线图。

在博通集成的这段走势中，投资者可以清晰地观察到一段牛市行情的形成，毕竟中长期均线在很长一段时间内都保持着上扬状态，并支撑着价格上行。其间该股形成过一次比较明显的回调震仓，就是在 2024 年 12 月至 2025 年 1 月期间，下面来进行详细解析。

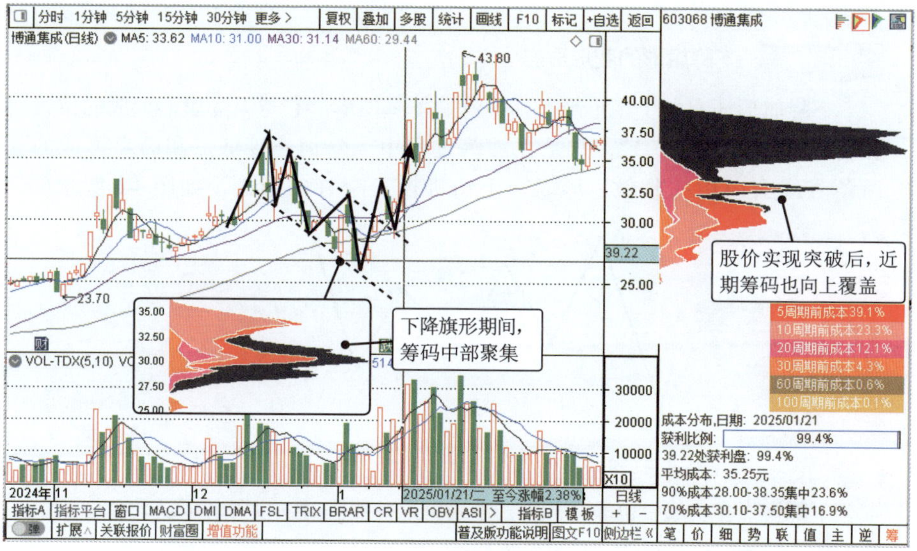

图 4-5　博通集成 2024 年 10 月至 2025 年 2 月的 K 线图

在 2024 年 12 月中旬左右，股价在震荡中上涨到了 35.00 元价位线附近，并在此受阻后小幅震荡下跌，低点落在 30 日均线上。

股价的第二波回升并没能突破这一压力线，而是在此受阻后继续向下，低点跌破前期低点和 30 日均线，呈现出短期看跌的危险信号，这时候短线投资者就可以及时卖出观望。

在后续的走势中，股价保持着震荡，分别连接其高点和低点，投资者很快就可以绘制出一个下降旗形的形态。而在震荡期间观察筹码分布图可以发现，市场中的大部分筹码都向中间聚拢，在 27.50 元到 35.00 元的价格区间内聚集起来，这也正是下降旗形的波动范围。

好在此次回调持续的时间不长，2025 年 1 月初，股价就在 25.00 元价位线上方不远处得到支撑后向上运行，并突破了下降旗形的上边线。数日后，价格回踩在上边线上得到支撑后继续上涨。

此时的筹码分布图中显示有大量的黑色筹码向上转移，并形成了一个显著的单峰。而原本聚集在下降旗形区间内的筹码也开始向上分散，配合成交量的放大形成积极看涨信号。此时短线投资者就可以重新买进，而中长线投资者也可以放心继续持有。

知识拓展 下降旗形的变形形态

下降旗形还有一个变形形态，那就是下降楔形。它与下降旗形形成的位置和传递的信号几乎一致，只是在震荡过程中，分别连接低点和高点形成的两条直线会向中间收敛，形成一个仿佛楔子一样的形态，如图 4-6 所示。

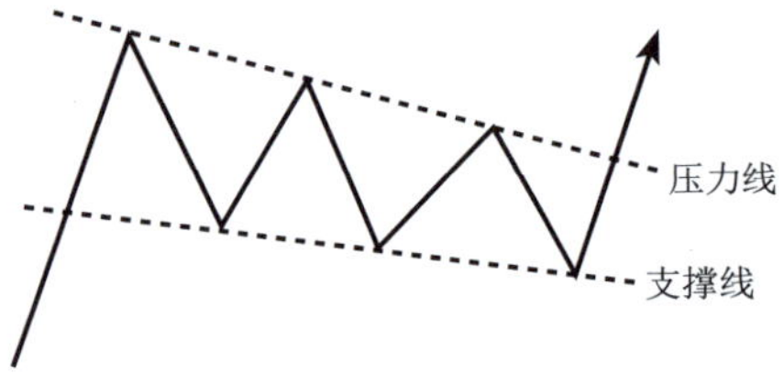

图 4-6 形态示意图

下降楔形在实战中也非常常见，当遇见这种形态时，投资者可以采取与下降旗形相似的策略进行操作，这里不再赘述。

4.1.3 矩形整理，中位密集

在主力震仓的过程中，矩形整理形态时有出现，因其耗资量低，维持简单，许多主力都会采取此类方式促进浮动筹码的交换。

矩形整理形态非常简单，就是股价上涨在某一价位线附近遇阻后回调落到某一支撑线上，随后便在这两个价格线区间内反复震荡，既不跌破也不突破关键线。

而当市场中的筹码交换得差不多时，主力会注资将价格上推并突破关键压力线，也就是矩形形态的上边线。随后股价回踩得到支撑后继续上涨，预示着下一波拉升的来临，催促市场共同注资推动价格向上攀升。

在学习了这么多筹码分布案例后，投资者应当十分清楚其中的筹码分布表现。在矩形震荡期间，筹码会逐渐向此价格区间聚拢，并形成一个显著的单峰。

而当价格形成突破时，黑色近期筹码会向上转移分散，覆盖上方的远期筹码，传递出积极信号，如图 4-7 所示。

技术图示 矩形整理期间筹码逐渐密集

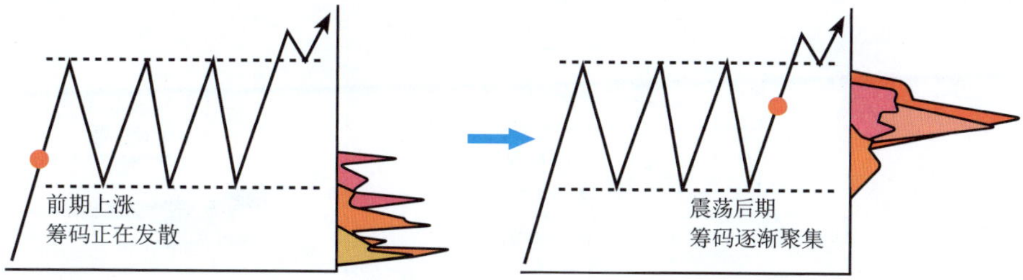

图 4-7 形态示意图

在震荡期间，投资者可根据自己的操作风格决定是否先行卖出观望。因为大多数投资者无法准确判断矩形震荡的时间有多长，有些矩形震荡只进行半个月左右，有些时间可能会拉到三个月左右，因此，持续持有的时间成本会有很大差别。

无法准确判断的投资者可以在矩形震荡一段时间后就卖出，当价格继续上涨后再跟进。这样虽然会导致买进成本上升，但提前撤离的资金可以投入其他优质股票中进行操作，这样也会赚取一定的收益，不过具体的策略还是要投资者自行决策。

接下来就进入案例分析中。

实例分析 恒进感应（838670）矩形整理期间的筹码表现

图 4-8 为恒进感应 2024 年 9 月至 12 月的 K 线图。

从图 4-8 中可以看到，恒进感应的这段上涨是从 2024 年 9 月底开始的，股价在成交量放大的推动下迅速向上来到 12.50 元价位线附近，在上方受阻后小幅回调到 10 日均线上得到支撑，并继续上涨。

这一波上涨期间的筹码分布图中显示，市场中的筹码整体还比较分散，不过积极程度还是比较可观的，毕竟有大量黑色筹码在随着价格的上涨而向上转移。

这一波上涨在 15.00 元价位线上方不远处受阻，随后回调到 12.50 元价位线上方得到支撑。而在后续的一个多月时间内，该股都在这两条价位线之间反复震荡，形成了一个上升矩形形态。

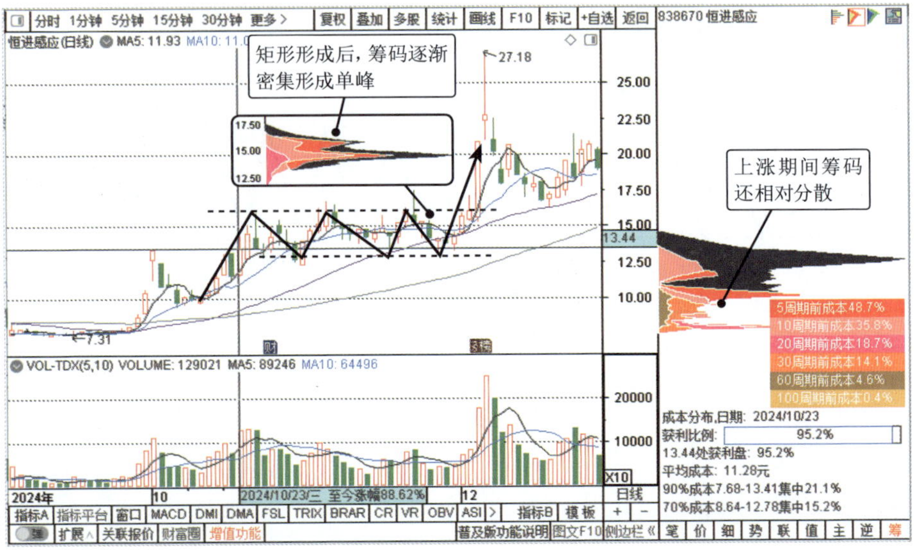

图 4-8　恒进感应 2024 年 9 月至 12 月的 K 线图

在筹码分布图中也自然地出现了中部聚集形态，与理论推测相符，那么投资者在此期间就可以采取与自身风格相适应的策略进行操作。

随着持续上升的 30 日均线的靠近，股价变盘的时机也在临近。当 K 线与 30 日均线产生接触之后，成交量开始迅速放大，支撑价格成功向上突破了上升矩形的压力线，并且在创出新高后回调也没有跌破上升矩形的上边线，投资者可将其当作新一波拉升到来的标志，进而及时跟进。

4.1.4　三角形整理，下峰上移

在上升过程中，三角形整理也是主力经常采用的震仓手法，它主要分为上升三角形和等腰三角形两种，下面来逐一进行分析。

1. 上升三角形

上升三角形其实就是一个直角三角形，股价在上升到某一位置后会受到阻力并回调，随后反复向上试探该价位线。其低点会逐步向上移动，但高点始终保持平行，分别连接高点和低点形成的两条直线汇合起来，就会构筑出一个直角三角形。

上升三角形期间的筹码表现与上升矩形比较相似，就是在上涨过程中，筹码呈向上发散形态，当价格遇阻并长期震荡时，筹码会越来越向震荡区间内聚集。当价格逐步收敛，筹码峰也会逐步收窄，如图 4-9 所示。

技术图示 上升三角形后期筹码聚集

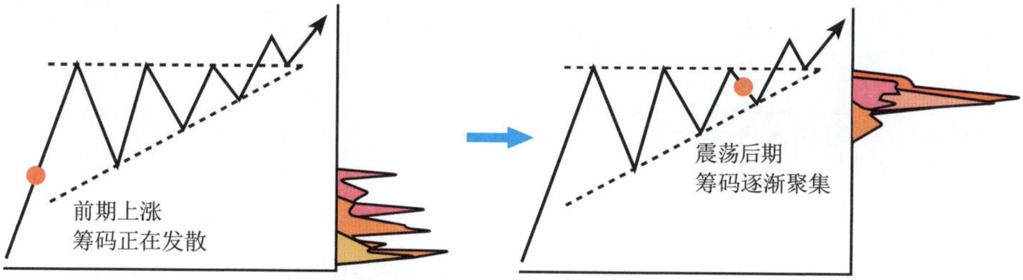

图 4-9　形态示意图

价格最终得到成交量的放量支撑，向上突破上升三角形的压力线时，黑色的近期筹码也会向上覆盖住前期聚集的远期筹码，并持续分散，传递出积极的买进信号。

这时候，已经撤离的短线投资者可以重新买进，而保持持有的中线投资者也可以尝试加仓，但要注意后续价格是否产生反转。

接下来就进入案例分析中。

实例分析 华辰装备（300809）上升三角形整理形态

图 4-10 为华辰装备 2024 年 7 月至 11 月的 K 线图。

从图 4-10 中中长期均线的表现可以看出，在 2024 年 9 月底之前，该股已经经历了一段时间的下跌，股价落到 18.00 元价位线附近得到支撑后企稳，横盘了一段时间。

在创出 17.66 元的新低后，该股的成交量开始逐步放大，并推动价格向上攀升，很快就成功突破中长期均线。这说明主力开始发力推动，一波拉升在即，投资者可迅速跟进。

第一波上涨速度极快，股价甚至已经突破了 27.00 元价位线。然而也是在同一个交易日，K 线快速收阴向下，并且在后续两个交易日持续下跌，落到 10 日均线上。

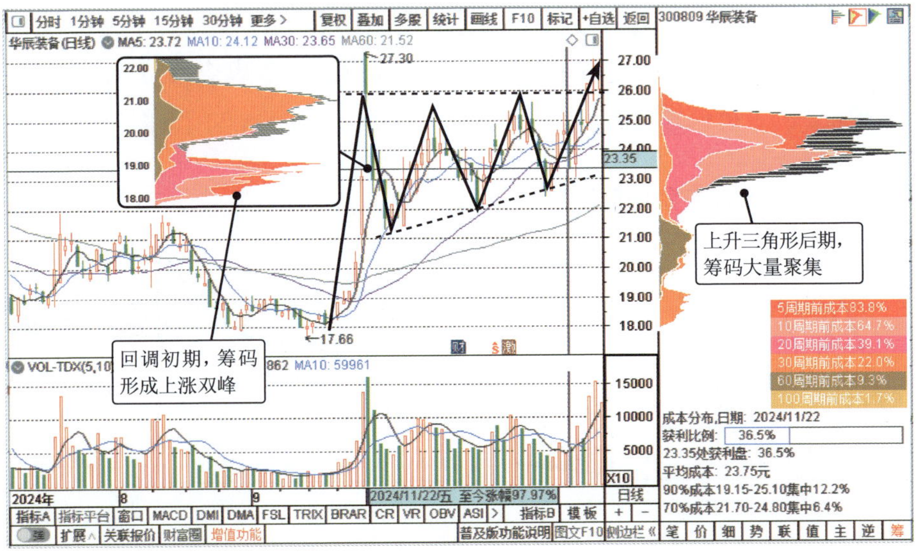

图 4-10　华辰装备 2024 年 7 月至 11 月的 K 线图

观察筹码分布图，投资者可以看到一个比较明显的上涨双峰形态，在一定程度上释放出了积极信号，但由于不能判断回调深度，短线投资者还是可以考虑先行卖出。

在 10 日均线上得到支撑后，价格再次上涨，但高点明显没能突破前期。随着时间的推移，股价不断在 30 日均线的支撑下向上试探 26.00 元价位线，但依旧未能实现突破。

此时投资者连接震荡期间的高点与低点，已经可以得到一个比较清晰的上升三角形形态了。而当价格震荡到一定程度后，观察筹码分布图可以发现，原本聚集在下方的筹码已经大量向上转移到上升三角形的震荡区间内，形成聚集。

这一切迹象都在说明市场正在等待股价变盘向上的机会，投资者可对其保持高度关注，看变盘何时来临。

下面来看后续的走势。

图 4-11 为华辰装备 2024 年 9 月至 2025 年 2 月的 K 线图。

到 2024 年 11 月底时，成交量明显放量，并支撑价格向上成功突破了上升三角形的上边线，还在短时间内回踩得到支撑。

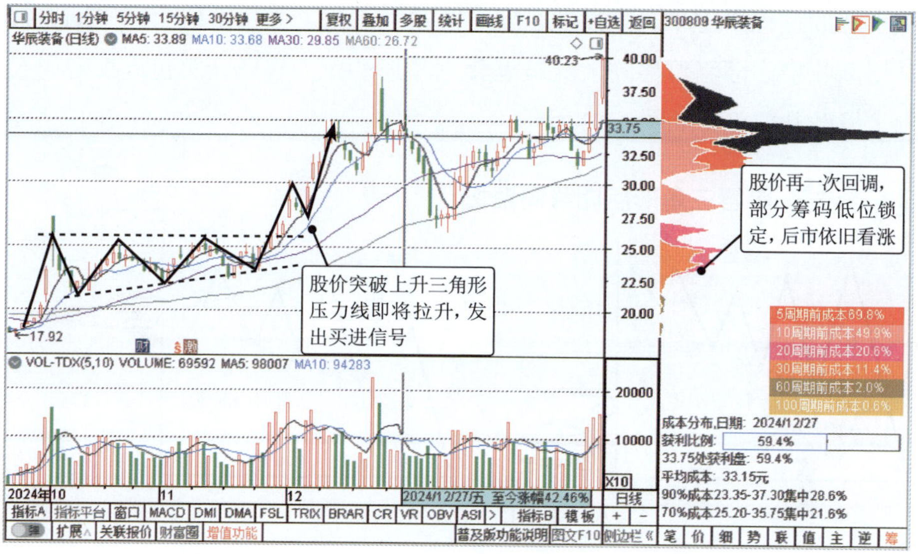

图 4-11　华辰装备 2024 年 9 月至 2025 年 2 月的 K 线图

很显然，这样的积极信号说明市场已经整理完毕，主力拉升的压力大大减轻，后续上涨幅度可能比较大，场内外的投资者都可以继续买进，以扩大后市收益。

在后续的走势中，股价在 40.00 元价位线附近受阻后小幅回调，低点落在 10 日均线上。此时的筹码分布图中显示，原本在上升三角形区间内聚集的部分筹码依旧处于低位锁定状态，说明市场中依旧有不少投资者看好该股，其中大概率就有主力的仓位，因此，该股应当还有一定的上涨潜力，投资者可继续跟进。

2. 等腰三角形

等腰三角形和上升三角形的形成位置和信号强度及信号类型都是一致的，只是在形态上有所区别。

等腰三角形需要股价在某一位置受阻回调后反复震荡，并且高点和低点都向中间收敛，分别连接高点和低点形成的两条线向右延伸，最终会交叉在一起。

筹码在等腰三角形形态期间的表现也与上升三角形中的类似，即在前期上涨的过程中逐步向上发散，随着震荡的进行，大量筹码会向中间聚拢并逐渐收窄。而当价格向上突破等腰三角形的压力线后，黑色近期筹码会向上发散并覆盖，如图 4-12 所示。

技术图示　等腰三角形后期筹码聚集

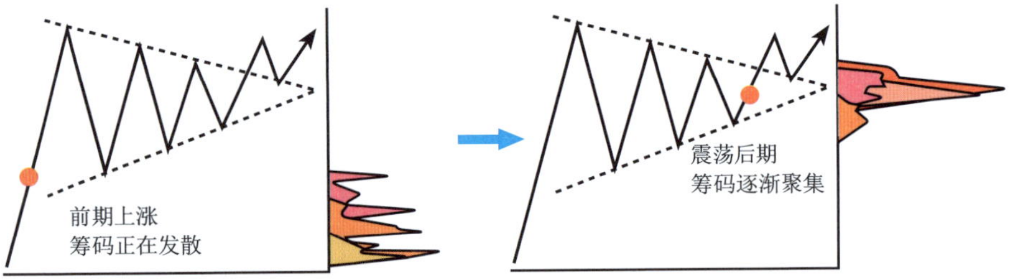

图 4-12　形态示意图

由此可见，投资者完全可以采取与等腰三角形相似的操作策略，这里就不再赘述，接下来直接进入案例分析中。

实例分析　祥源文旅（600576）等腰三角形整理形态

图 4-13 为祥源文旅 2022 年 10 月至 2023 年 2 月的 K 线图。

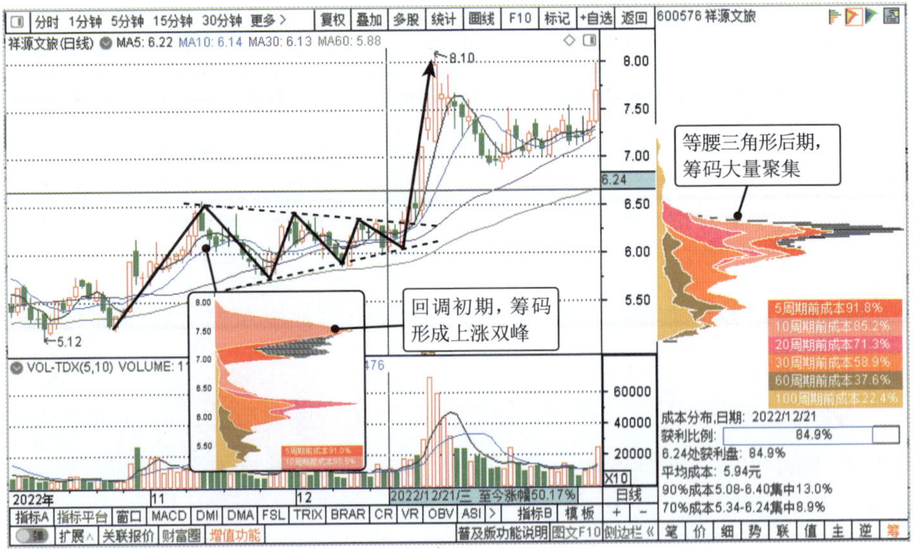

图 4-13　祥源文旅 2022 年 10 月至 2023 年 2 月的 K 线图

从图 4-13 中可以看到，在 2022 年 11 月初，祥源文旅的股价上涨到 6.50 元价位线附近后就受阻并开始回调。

此时的筹码分布图中显示，有不少黑色的近期筹码向上转移到当前区间内，证明市场中有不少兑利盘在股价回调的同时大量交易，撤出场内（其中的部分粉色远期筹码是前期股价下跌后，市场中部分被套盘没有迅速撤离留下的）。而前期低位聚集的筹码也并没有完全向上转移，二者结合形成了上涨双峰形态。

后续股价持续向下，低点在击穿 30 日均线之后落到 60 日均线上并得到支撑继续上涨。然而这一次上涨并没能突破前期高点，价格再次受阻后回落，低点仍旧踩在上升的 60 日均线上。

而随着后续两次震荡的进行，投资者已经可以观察到一个震荡形态的出现，分别连接震荡的低点和高点，一个等腰三角形形成。

此时的筹码分布图中显示有大量的筹码开始向中间聚拢到 6.00 元到 6.50 元的价格区间内，而低位仍旧有不少筹码锁定，说明整个市场对该股积极看好，投资者可保持持有。

在 12 月下旬，随着成交量的逐步放大，股价得到支撑开始迅速向上突破关键压力线，并创出 8.10 元的近期新高，短期涨幅是非常可观的，投资者要抓住时机跟进。

下面来看后续价格上升的空间有多大。

图 4-14 为祥源文旅 2022 年 12 月至 2023 年 5 月的 K 线图。

到了 2023 年 3 月初，股价已经上涨到 8.50 元价位线上，并在此受阻后小幅回落，反复震荡。其间该股多次向上试探 8.50 元的压力线，但始终没能突破。

而其间的股价低点在后期逐步上移，分别连接高点和低点，投资者又得到了一个上升三角形形态。

在震荡期间的筹码分布图中，虽然有不少筹码向中间聚拢到了震荡区间内，但低点仍有部分筹码锁定，说明市场情绪整体看好，投资者可采取与前期相似的策略进行操作，也就是在股价突破的同时迅速跟进，这样才能赚取更多收益。

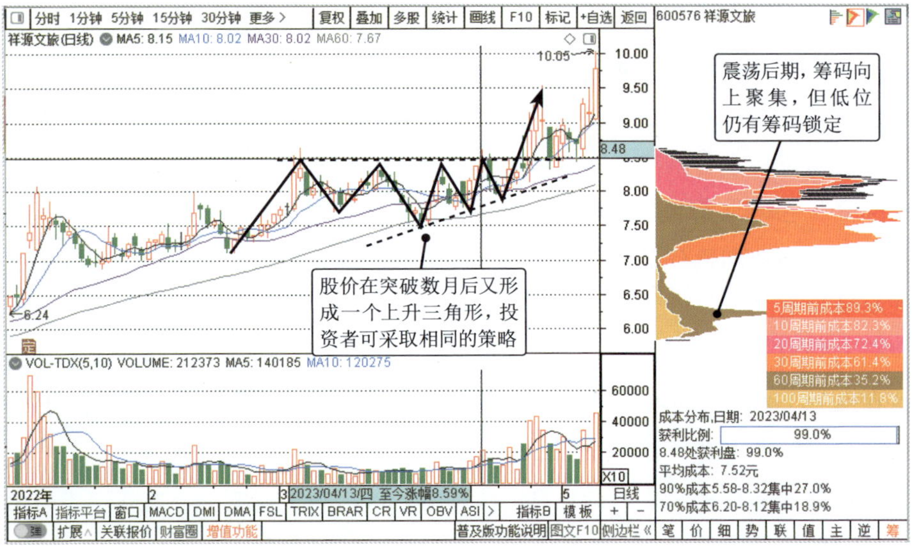

图 4-14　祥源文旅 2022 年 12 月至 2023 年 5 月的 K 线图

4.1.5　仙人指路突破筹码峰

仙人指路也是一种主力震仓期间的特殊形态，它的构筑时间一般较短，但是特征非常清晰。

股价在上涨到一定位置后，可能会因为受阻而收出一根带有长上影线的小实体阴线。其长上影线代表着股价在分时图中出现了冲高回落的走势，证明上方压力较重。

随后价格将进入回调，前期高点出现的小实体阴线的长上影线的顶点位置指示出的就是一条关键压力线。若后续股价能够在低点企稳，并在得到支撑后向上突破这一压力线，仙人指路的形态就能够形成，同时传递出积极的信号。

而在此期间，筹码也会逐步从发散状态变成中央密集状态，再变成黑色近期筹码再次向上发散的形态，如图 4-15 所示。

需要注意的是，仙人指路形态中的关键点在于指路，而并非突破。小实体阴线的高点仅仅指示出了股价后续可能上涨的高度，并不意味着价格一定能够实现突破。

技术图示 仙人指路，筹码逐渐聚集

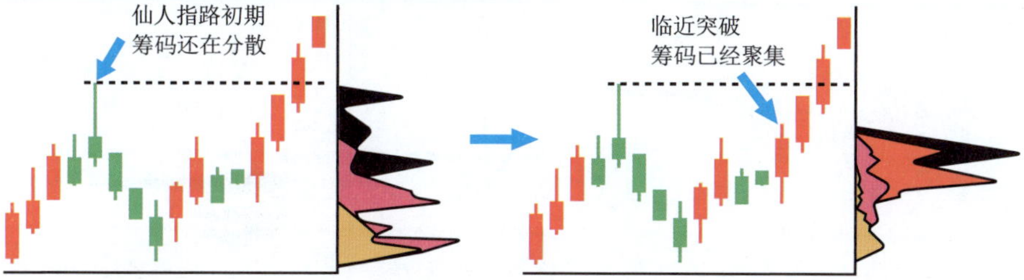

图 4-15　形态示意图

这时投资者就会面临两种情况：一是价格成功向上突破，投资者迅速跟进获利；二是价格并没能突破前期高点，转而迅速向下跌破中长期均线，这时候投资者就要迅速出局止损。

要判断这一点，除了从筹码的聚集形态中观察之外，投资者还要注意分辨成交量的放量形态，看其是否能够起到关键支撑作用。

接下来就进入案例分析中。

实例分析 三丰智能（300276）仙人指路的买进时机

图 4-16 为三丰智能 2024 年 9 月至 12 月的 K 线图。

来看三丰智能的这段走势，该股在 2024 年 9 月底开启上涨后便进入了持续的牛市状态。其间价格虽有数次回调，但都没能彻底跌破中长期均线的支撑。

在 11 月初，股价在 7.00 元价位线下方不远处受阻后小幅回落，当日收出了一根带有长上影线的小阴线。随后价格逐步下滑，低点落到 5.00 元价位线上，这时候投资者就可以凭此分析出一个仙人指路形态。

同时，观察这根带有长上影线的小阴线当日的筹码分布图可以发现，当时有大量的黑色近期筹码在向上转移，整体来看市场积极性较高，但是筹码比较分散。

随后不久，股价回落到 5.00 元价位线上得到支撑后向上靠近压力线并横盘。筹码分布图中显示，原本分散的筹码开始向 6.00 元价位线中间聚拢，形成了一个显著的单峰。

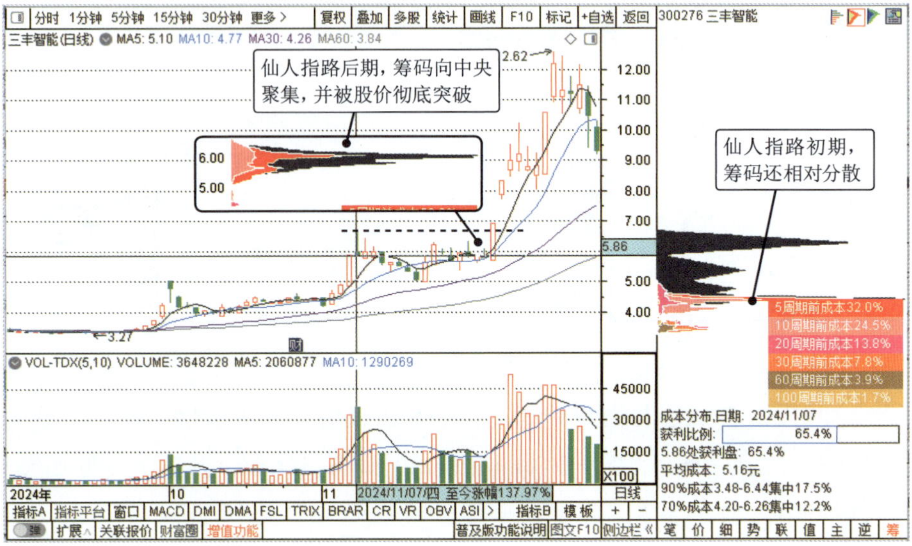

图 4-16　三丰智能 2024 年 9 月至 12 月的 K 线图

这一切都比较符合仙人指路形态的前期条件，那么投资者就要仔细观察后续成交量的变化及 K 线的变盘方向了。

到了 12 月初，成交量开始迅速放大，并推动价格收出一根超长实体的阳线，高点已经成功突破仙人指路的最高点。

而在后续走势中，股价更是持续向上跳空收阳，短期涨幅极大，说明该股变盘后的涨势十分积极稳定，市场高度看好该股，仙人指路形态也已经形成，那么投资者就要迅速跟进，抓住机会盈利。

4.1.6　反转跌停，近期筹码转移

在持续上涨的过程中，由于盘中抛压较大，某些主力可能会采取比较极端的方式震仓，比如反转跌停、快速下跌跌破支撑线等。

这种方式虽然使得主力的耗资比较巨大，但会对市场产生强烈误导，逼迫不坚定的卖盘迅速撤离，以达到在短时间内洗盘的目的，因此，在实战中也并不少见。

由此投资者就可以推断出筹码的分布状态，那就是当股价反转下跌甚至跌停时，近期黑色筹码快速向当前区间内转移。股价下跌的速度越快，持续时间越长，近期筹码转移得越多，甚至可能在下跌的价格区间内形成密集单峰，如图 4-17 所示。

技术图示 **跌停式反转，筹码断层下移**

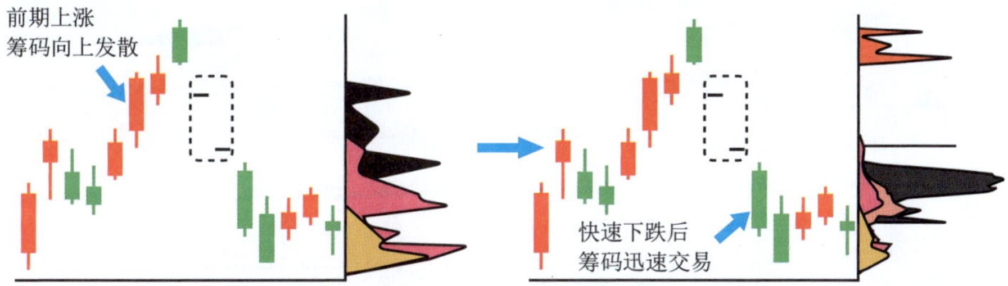

图 4-17　形态示意图

如果股价是以一字跌停的方式洗盘的，那么筹码还可能出现断层式的下移。原因很简单，那就是在股价跌停的同时，市场中的交易量会被大幅遏制，导致筹码拥堵在跌停板上。而当股价开盘交易时，又会有大量买卖单涌出，使得黑色近期筹码快速分散。

遇到这种情况，短线投资者无须犹豫，立即卖出即可。中长线投资者则要根据自己的风险承受能力，以及股价后续企稳的表现来决定是否卖出。

毕竟有些主力会通过这种方式来迷惑投资者，使人无法准确判断此次下跌是下跌行情的开端还是一次极端的洗盘。因此，风险承受能力较低的投资者还是建议卖出为佳。

接下来就进入案例分析中。

实例分析 **蓝黛科技（002765）跌停式洗盘的应对策略**

图 4-18 为蓝黛科技 2024 年 9 月至 11 月的 K 线图。

来看蓝黛科技的这段走势，在 2024 年 9 月上旬期间，该股围绕着中长期均线横向波动，其间创出 4.55 元的新低后开始小幅回升，之后一路上行，来到 6.00 元价位线上方不远处后受阻回调。

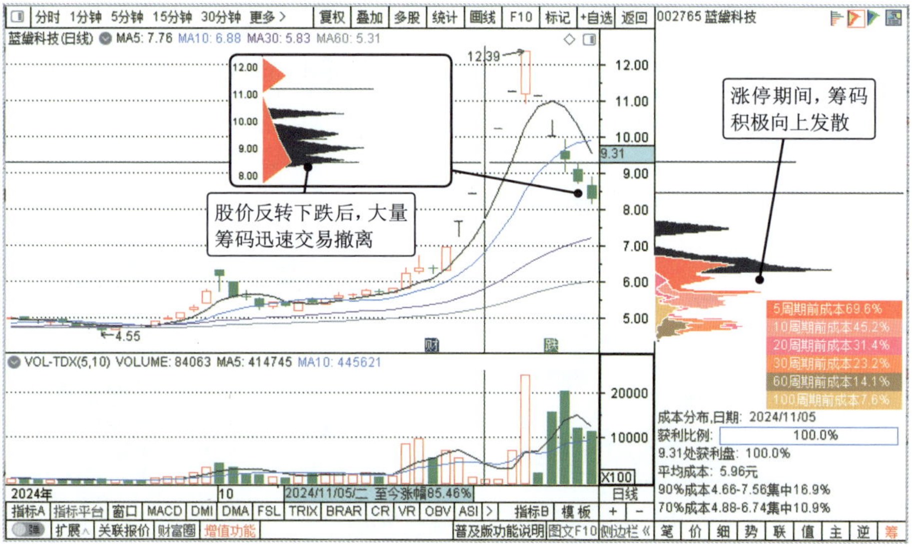

图 4-18　蓝黛科技 2024 年 9 月至 11 月的 K 线图

这一次股价回调持续的时间不长，深度也不大，在 30 日均线上得到支撑后就开始缓慢上涨，向上试探 6.00 元的关键压力线。

到了 10 月底，股价收出数根阳线，成功向上突破前期高点，并在短暂整理后出现了连续的一字涨停，短期涨幅极为惊人，很明显是主力在操作。观察其间的筹码分布图可以发现，大量的黑色近期筹码正在迅速向上发散，说明市场中交易活跃，卖盘急于兑利，买盘急于入场。

如果投资者已经在前期回调的低点买进，那么此时就可以等待开板的时机到来再撤离。但如果投资者没有来得及跟进，并且在涨停期间始终无法抢到前列交易，就要考虑是否还要买进的问题了。

毕竟在这种短期大幅上涨的情况下，后续价格一旦开板，很可能出现短期深幅下跌的走势。这不仅有主力震仓的原因，市场中大量卖盘制造的抛压也会导致价格快速下跌，因此，高位入场的投资者一定要注意反转风险。

继续来看后面的走势，个股在创出 12.39 元新高的当日开板交易，但依旧能够收出阳线上涨。然而在次日，一根一字跌停线向投资者传递出了清晰的反转信号，这意味着主力开始发力卖出，市场中的卖盘也开始跟随撤离，投资者要注意迅速抛售，以免被套。

从后期的走势中也可以看到，该股连续下跌，在短时间内就从 12.00 元价位线上方跌到了 8.00 元价位线附近，短期跌速不亚于前期的大幅上涨，可见是主力在参与操作。

此时的筹码分布图中显示，有大量的黑色近期筹码在向当前位置移动，且由于股价的跌停而形成了断层。这说明市场中的投资者反应还是比较快的，能够及时在股价反转下跌的同时撤离。

不过前期由于股价在低位横盘而形成的部分远期筹码并没有完全向上转移，而是形成了低位锁定，也从一定程度上证实了主力可能还有仓位在等待更大的获利空间，这一次下跌可能是一次极端震仓，中长线投资者可观察后续股价表现再决定是否撤离。

下面来看后续的走势。

图 4-19 为蓝黛科技 2024 年 10 月至 2025 年 3 月的 K 线图。

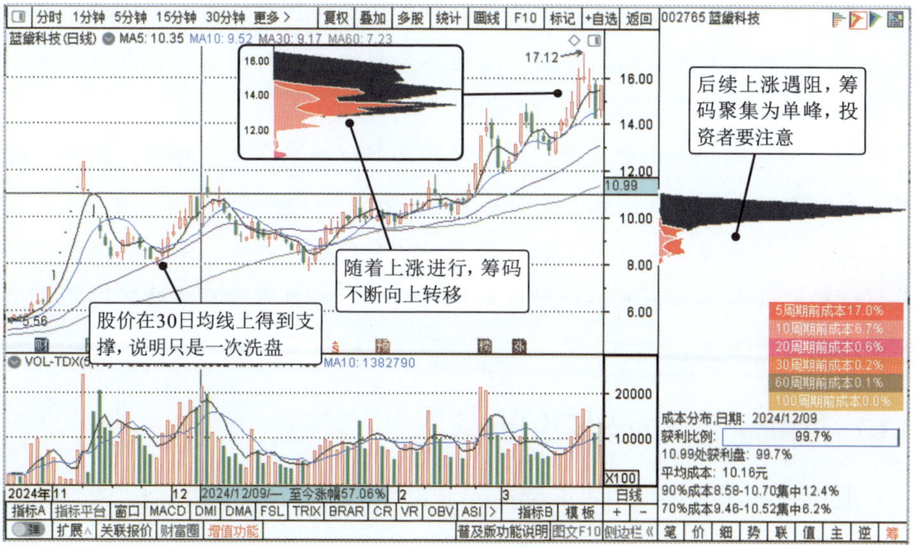

图 4-19　蓝黛科技 2024 年 10 月至 2025 年 3 月的 K 线图

2024 年 11 月底，股价下跌到 30 日均线附近后得到支撑并开始向上回转，证实了投资者这次下跌是一次洗盘的推测。

然而接下来股价上涨的高点却并没能突破前期，而且在上涨高位的筹码分布图中也显示，原本锁定在低位的筹码几乎已经完全上移到当前区间内，形成了一个显著的黑色近期筹码单峰。

这些迹象看起来都在预示出股价即将转入熊市行情，尤其是当价格一路跌破 30 日均线和 60 日均线时，危险信号更加强烈，大量谨慎型的投资者因此被逼迫撤离。

然而事实却并非如此，该股在 8.00 元价位线上得到支撑后迅速回转，突破中长期均线，形成了新的拉升。

由此投资者就可以看出，主力在刻意混淆洗盘与反转，让投资者无法准确判断当前情况，进而做出不合时宜的操作。这也是大部分股票中的现状，投资者要想真正实现盈利，就需要从大量信息中分析出主力的真正意图。

但在这种极为迷惑的情况下，普通投资者显然是很难区分震荡和反转的，因此，可以采取短线操作的方式，即低吸高抛、分段买卖，以达到降低长久持仓风险的目的。

继续来看该股后面的走势，随着股价在 8.00 元价位线和中长期均线上得到支撑，K 线开始波段向上移动，涨速越来越快。当时间来到 3 月中旬时，该股已经上涨到了 16.00 元价位线附近。

此时的筹码分布图中显示，下方聚集的筹码一直在向上转移，市场积极性较高，同时也意味着投资者更难从中分析出主力的持仓情况。

因此，短线投资者可以采取前面所说的分段操作方式。中长线投资者则要仔细观察 K 线与中长期均线之间的位置关系，一旦有彻底跌破的迹象，就需要迅速卖出止盈。

4.1.7 关键价位线的支撑作用

股价在上涨的过程中可能会遇到非常多的压力线，每一次回调的高点都是一条压力线。但是当价格向上突破这些压力线时，后续的回踩又可能会在其上方得到支撑，由此又出现了许多的支撑线。

这是一种特殊的价格形态，股价在这种波动的过程中会呈阶梯式上涨，前面的某些关键压力线会起到重要的支撑作用。而在这种时候，筹码可能会呈现出一步一步上移的状态，即当价格短期震荡时筹码聚集形成山峰，当其突破压力线后开始回调时，低位筹码峰会向上转移到当前回调位置，形成又一个筹码峰，如图 4-20 所示。

技术图示 股价反复回踩带动筹码上移

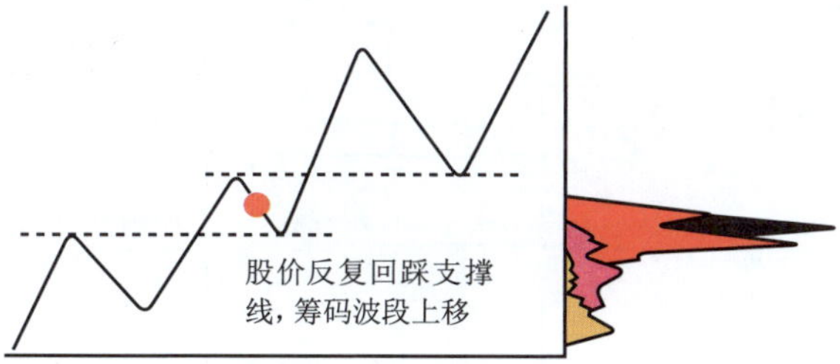

图 4-20 形态示意图

显而易见，这种走势很适合短线投资者操作，股价回调的支撑线清晰，筹码变动的方式明朗。那么当价格回踩在支撑线上时，短线投资者可以迅速跟进，当股价在某一压力线受到阻碍回调时，这部分投资者又可以立即高抛，将整波上涨分段收入囊中，同时也可以很好地降低风险。

至于中长线投资者，也可以采取分段操作的方式，只是不会那么频繁，比如在股价上涨三到四波之后就卖出，这样既符合中长线操作策略，风险又不会太大。

接下来就进入案例分析中。

实例分析 欧福蛋业（839371）筹码波段式上移

图 4-21 为欧福蛋业 2024 年 8 月至 12 月的 K 线图。

从图 4-21 中可以看到，该股同样是在 9 月底开始出现上涨的，并且短期涨幅巨大。然而数日后，股价就在 7.00 元价位线下方不远处受阻，随后快速回调至 5.00 元价位线上。那么，这时投资者就可以将前期股价回调的高点视作一条压力线，看后续价格能否向上突破。

10 月初，股价踩在 5.00 元价位线上得到支撑后，被成交量推动向上，接触到前期压力线，并很快成功突破。突破后数日，价格就向下回踩。在压力线上得到支撑，说明压力线已经成功转变为支撑线。

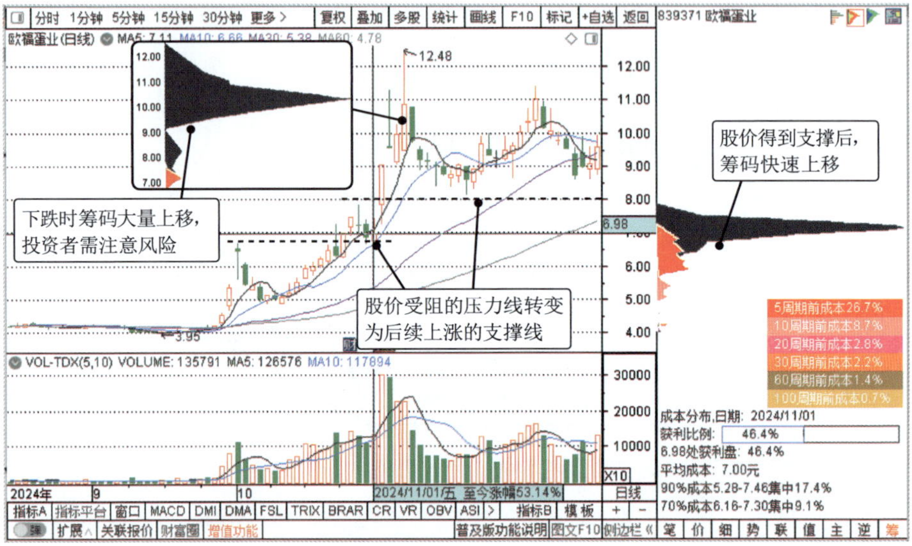

图 4-21　欧福蛋业 2024 年 8 月至 12 月的 K 线图

再看当时的筹码分布图可以发现，市场中大量的筹码都在向当前震荡区间内聚集，形成一个黑色单峰，说明市场交易活跃，主力开始发力推动，后续价格即将进入新的拉升，催促着投资者跟进。

而这一次股价的回踩也制造了一个高点，在 8.00 元价位线附近。当价格回踩 7.00 元价位线得到支撑后，很快就突破了这条新的压力线，并创出 12.48 元的新高。

此时观察筹码分布图能看到大量黑色近期筹码上移，并形成又一个密集单峰。再加上当前股价上涨的幅度已经比较大了，投资者要注意反转的风险，必要时先行撤离。

不过好在这一次该股回调的低点正好于 8.00 元价位线上得到支撑，说明这条前期压力线已经成功转变为支撑线，并且价格短时间内可能还有上涨机会，后续投资者可以根据股价与这条压力线之间的关系来判断该股后市可能的涨跌情况。

下面来看后期走势如何。

图 4-22 为欧福蛋业 2024 年 10 月至 2025 年 3 月的 K 线图。

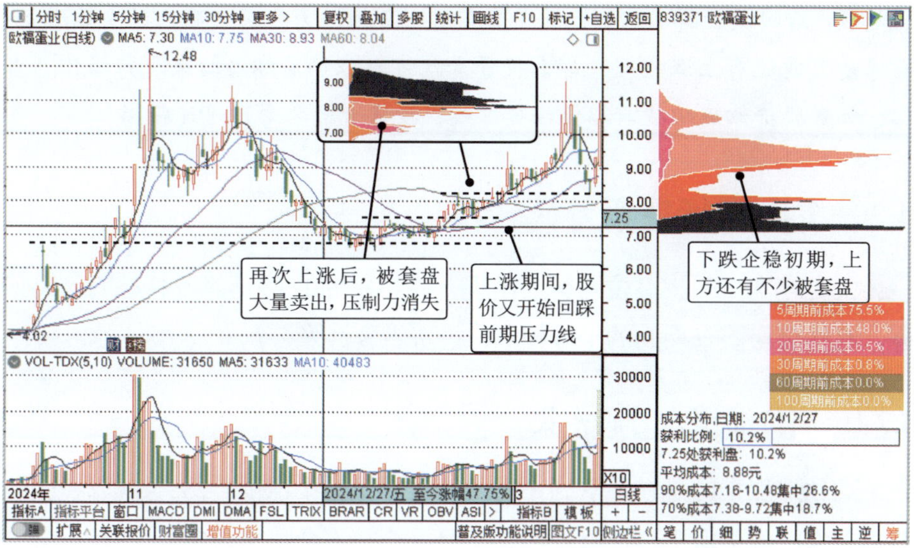

图 4-22　欧福蛋业 2024 年 10 月至 2025 年 3 月的 K 线图

2024 年 12 月上旬，股价的第二次上涨在 11.00 元价位线上受阻后反转下跌，并很快跌破了两条中长期均线。

在下跌期间的筹码分布图中，由于股价跌速过快，上方还存在不少被套盘，对价格形成压制。下方则有大量黑色近期筹码转移，这一切都在对价格施加压力，意味着其短期回升难度较大，由此传递出了比较清晰的危险信号。此时，无论是短线投资者还是中长线投资者都要及时卖出，以免在后续遭受更大的损失。

不过很快，价格便在 7.00 元价位线上得到支撑，而这也正是股价在上涨期间第一次回调的高点。当时形成的支撑线到现在还能对价格产生作用，可见其时效性。

随后，股价便在波段中不断上移，其间又制造出了数条压力线和支撑线，只是彼此的间隔都比较近。而在此阶段内的筹码分布图中显示，上方的大量被套盘已经向下转移，抛压减轻不少，这意味着股价还是有一定上涨空间的。所以，只要其没有彻底跌破前一条支撑线，短线投资者还是可以等股价上涨一段时间后再卖出。

2025 年 3 月中旬，股价再一次向上突破 11.00 元价位线，但依旧没能彻底越过。后续该股再次回调，低点落在前一条由压力线转变而来的支撑线上，意味着可能还有上涨空间，那么投资者就可以根据前期经验来进行操作。当然，如果股价彻底跌破前期数条支撑线，投资者就要考虑迅速撤离。

4.2 主力出货观察筹码转移

主力在出货时，高位同样会出现一些特殊的K线形态及特殊的筹码状态，有些会与震仓期间的十分相似，投资者要注意分辨。

4.2.1 高位滞涨，筹码密集

高位滞涨指的是在上涨到一定程度后开始密集窄幅震荡，并横盘向前，整体来看比较类似于矩形整理形态，但可能并不会那么规整。

同时，个股在反复向上试探某条压力线时可能会收出不少带有长上影线的K线，说明盘中多次形成冲高回落的走势。这是上方抛压较大的表现，同时也意味着主力可能在高位刻意制造震荡，吸引大量看好的买盘介入，以承接自己散出的筹码。

因此，在震荡到一定程度时，市场中的大部分筹码都可能会向当前震荡区间内聚集，如图4-23所示。

技术图示 股价反复回踩带动筹码上移

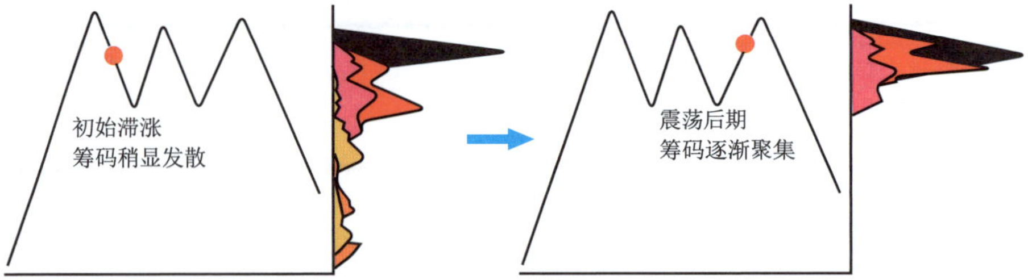

图4-23　形态示意图

但显然，这种筹码密集的形态在上升矩形中也会出现，那么投资者该如何分辨出主力的出货与洗盘之间的区别呢？

这时候就要借助市场中的其他信息来综合判断了，比如成交量，比如K线形态，比如分时图中的挂单情况，又比如股价与中长线之间的位置关系，等等，这些都能够帮助投资者分析。

当然，最保险的方式还是在横盘期间及时卖出，这样无论价格在后续的变盘方向是向上还是向下，投资者都有足够的时间和资金来应对。

接下来就进入案例分析中。

实例分析 读客文化（301025）高位滞涨期间的筹码密集

图 4-24 为读客文化 2023 年 12 月至 2024 年 4 月的 K 线图。

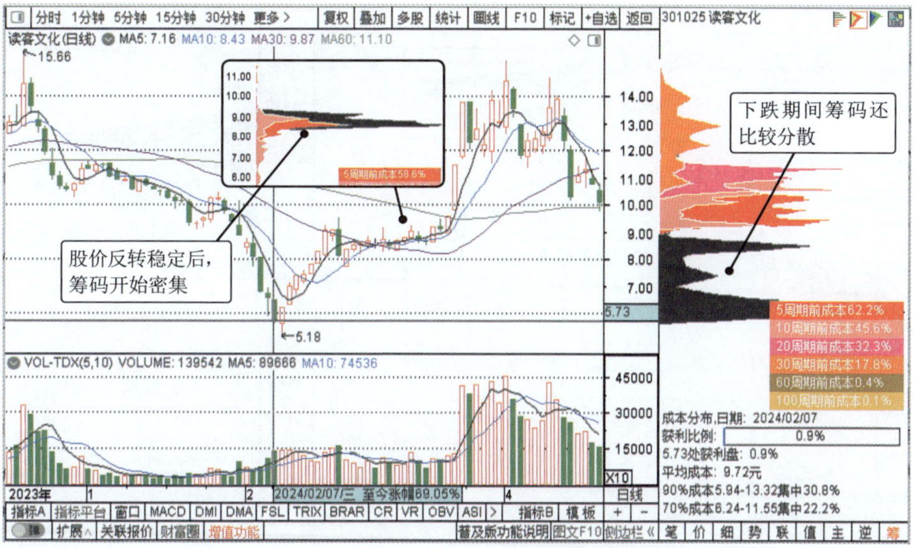

图 4-24　读客文化 2023 年 12 月至 2024 年 4 月的 K 线图

从图 4-24 中可以看到，在 2023 年 12 月至 2024 年 1 月期间，股价正处于下跌状态中，并且跌速较快。在下跌后期的筹码分布图中，市场中的筹码呈现出较为分散的状态，上方留有许多被套盘没有撤离，下方又有大量黑色近期筹码在转移，整体形势并不明朗，投资者切忌介入。

不过在后续，股价便创出 5.18 元的新低，随后反转向上，第一波上涨就接触到了 30 日均线，并沿着其下行轨迹小幅回落一段距离，开始横盘震荡。

此时的筹码分布图中显示，随着股价的稳定，市场中的上下两方筹码开始向中间聚拢，并形成显著单峰，说明投资者的积极性已经被调动，交易较为活跃，市场正在等待变盘机会。

幸运的是，价格在 30 日均线的支撑下转而变盘向上，并很快成功突破 60 日均线，催促投资者迅速跟进或加仓。

但是在数日之后，价格在 14.00 元价位线上受阻后开始回调，并反复在 12.00 元到 14.00 元的价格区间内震荡，呈现出一定的滞涨状态。那么这到底是一次震仓还是下跌反转的预兆呢?

下面来看当时的筹码表现。

图 4-25 为读客文化 2024 年 2 月至 6 月的 K 线图。

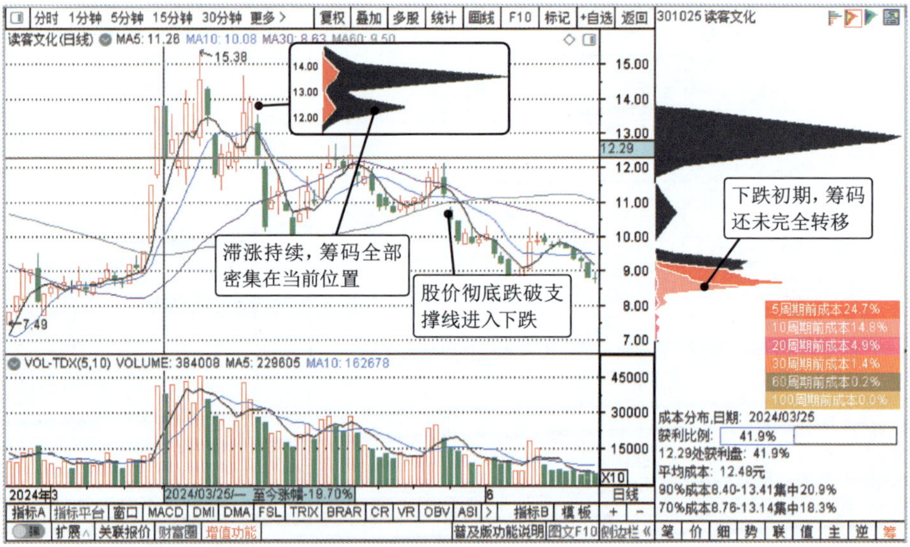

图 4-25　读客文化 2024 年 2 月至 6 月的 K 线图

先来看股价受阻后回调当时的筹码分布图可以发现，尽管在下跌的初期已经有不少黑色近期筹码在交易，但在 8.00 元到 9.00 元的价格区间内聚集起来的筹码并没有完全向上转移，可见还是有不少投资者在等待机会。

随着震荡的进行，股价多次向上突破失败，收出多根带有长上影线的 K 线时，许多投资者就反应过来，开始逐步卖出，使得这些锁定的筹码不断向上转移，并形成了聚集。

然而由于当前价格上涨的幅度并不算特别大，主力可能只是借此震荡来洗盘，也可能会在后续出货，导致价格反转下跌。

因此，投资者在无法准确判断其走向时，就需要进一步观察，风险承受能力较低的投资者及短线投资者可以先行卖出。

从后续的走势中可以看到，该股最终还是变盘向下，并且在得到 60 日均线支撑后，反弹的高点未能突破 30 日均线，可见上方压力较重，股价非常有可能进入下跌行情之中，投资者最好迅速撤离止损。

4.2.2 特殊震荡，筹码上移

通过前面的学习投资者知道，在股价上涨的过程中，主力可能会通过一些特殊的震荡进行洗盘，其中比较有代表性的就是两种三角形形态和矩形形态。

但并不是所有的三角形形态和矩形形态到最后都能够被股价突破，在某些特殊情况下，股价可能会反转向下跌破其支撑线，使得上升整理形态转变为顶部反转形态。

这种情况大概率是主力刻意构造的多头陷阱，通过传统的洗盘震荡方式来吸引一些场外看多的投资者入场，以达到分批出货的目的。在此期间的筹码分布方式会由向上分散转为向中央聚集，再转为向下分散，具体如图 4-26 所示。

技术图示 股价在三角形震荡后转向下跌

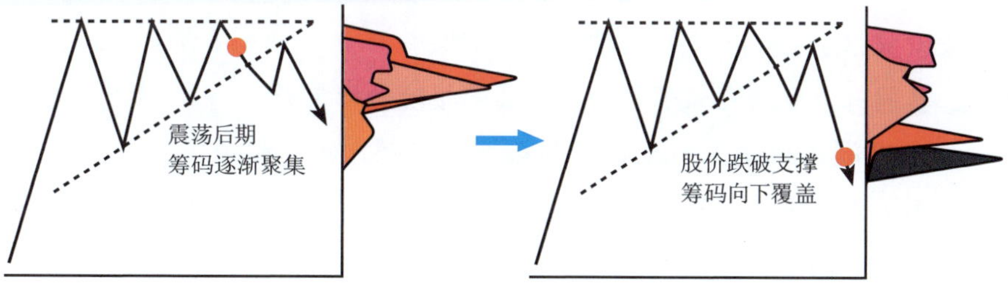

图 4-26 形态示意图

由此可见，投资者分辨上升整理形态和下跌反转形态的方式就是观察 K 线最终是突破压力线还是跌破支撑线。如果股价整理的时间比较长，震荡幅度比较大，短线投资者可以分批进行操作，将每一段上涨收入囊中，中长线投资者也可以考虑先行撤离观望。

接下来就进入案例分析中。

实例分析 合纵科技（300477）（现 ST 合纵）特殊震荡下跌后的筹码

图 4-27 为合纵科技 2024 年 8 月至 12 月的 K 线图。

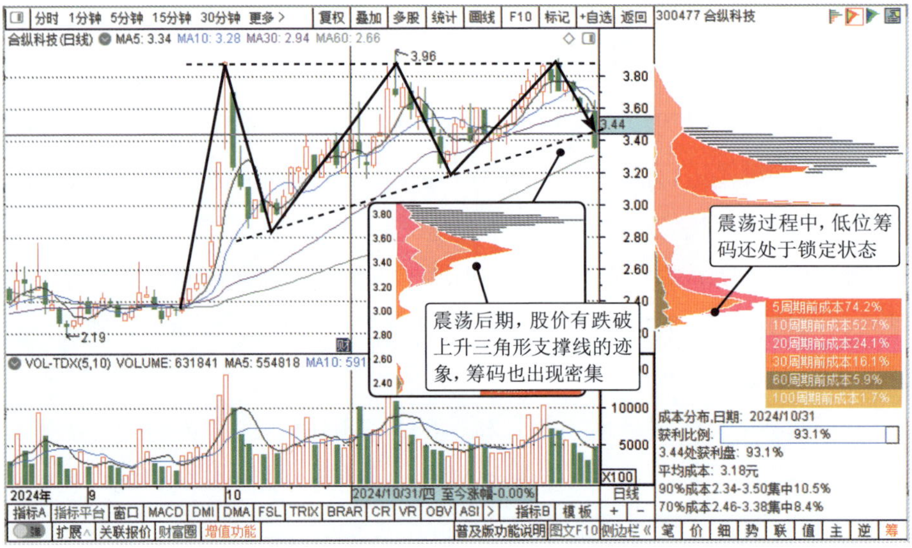

图 4-27　合纵科技 2024 年 8 月至 12 月的 K 线图

从图 4-27 中可以看到，在 2024 年 9 月底之前，股价正与中长期均线纠缠在一起，横向震荡期间变盘方向不明。但在 9 月下旬，随着成交量的放大，股价被推动向上并成功越过了 3.80 元的价位线，预示着价格进入了上涨之中，其间有大量场外投资者介入，共同推动价格上升。

然而股价在越过 3.80 元价位线后就受阻并回调，快速跌到 2.80 元价位线上方不远处，并在此企稳，很显然这就是一次洗盘行动。随着后续价格的持续上涨，前期卖出的短线投资者可以重新介入。

这一次上涨期间的筹码分布图中还显示，有不少低位筹码处于锁定状态，说明市场还是整体看好该股的，投资者可保持持有。

然而该股的第二波上涨虽然创出了 3.96 元的新高，但并没能突破前期高点太多，随后就又转入了回调之中，低点落在 3.20 元价位线上企稳。

随后价格再次上涨，但很显然，第三次上涨也没能突破前期高点。这时投资者将周期拉长，就可以观察到一个比较清晰的上升三角形形态，看似传递出看涨信号，但是当价格第三次向下靠近上升三角形的下边线时，却呈现出即将跌破的状态。

筹码分布图中也显示，低位锁定的筹码几乎已经全部上移到当前区间内，形成聚集状态，整体看来似乎传递出的是反转的危险信号，投资者还是有必要先行撤离观望。

下面来看后续的走势。

图 4-28 为合纵科技 2024 年 10 月至 2025 年 3 月的 K 线图。

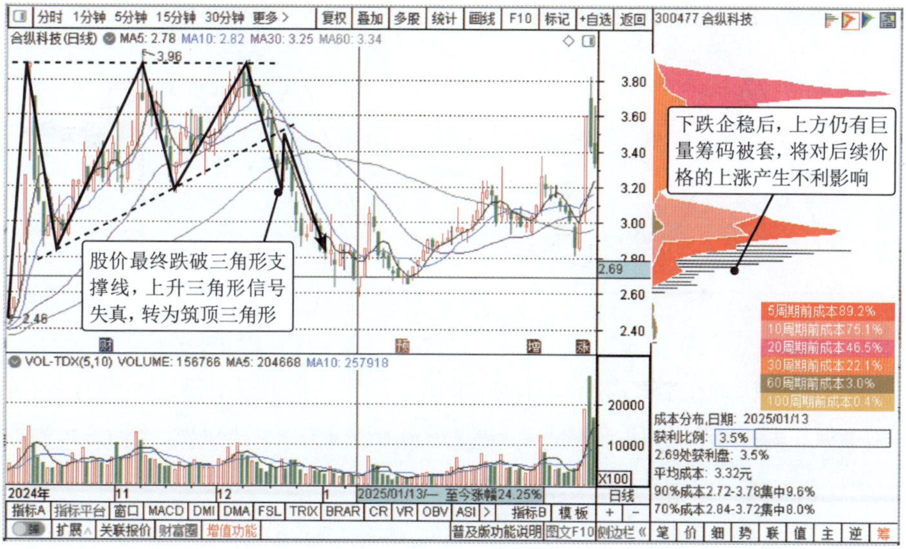

图 4-28 合纵科技 2024 年 10 月至 2025 年 3 月的 K 线图

2024 年 12 月中旬，股价最终还是跌破了整理形态的下边线，并在回抽不过后继续下行。因此，前期的形态就不能被称为上升三角形，而是一个顶部反转三角形，反应快的投资者应当立即在股价跌破的同时卖出。

从后期的走势中可以看到，股价在一路跌至 2.60 元价位线上方不远处才企稳，并横盘震荡。其间筹码分布图中显示，上方有巨量被套筹码没有转移向下，这将对价格后续的上涨造成较大的阻力，短时间内其回升概率不大，投资者还是尽快清仓撤离，转而投入其他优质个股中操作。

4.2.3 倒 V 形顶，筹码快速上移

倒 V 形顶是一种特殊的顶部反转形态，它是指股价在某一时刻突然快速上涨，受阻后立即反转下跌，进而形成的一个类似于倒置的字母“V”的形态。

而筹码的表现又会如何呢？很显然，在上涨期间，筹码会呈现出向上发散的健康状态，但当价格快速反转向下时，市场中的获利盘会迅速卖出，导致筹码快速向上移动，如图 4-29 所示。

技术图示 倒 V 形顶的筹码表现

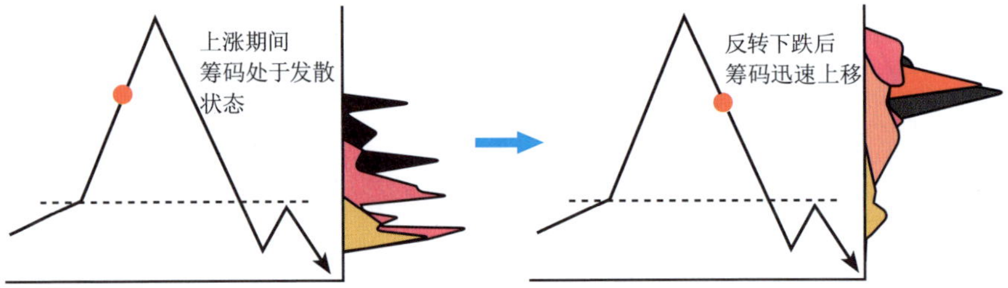

图 4-29　形态示意图

在这些快速上移的筹码中，除部分反应快的散户卖出的筹码外，可能还包含主力出货的筹码。毕竟在快速上涨后又拉出快速下跌，是某些操作风格比较极端的主力经常采用的出货方式。

这样虽然会导致主力的获利空间有所缩减，但是好在能够实现快速出货，不必被滞留在场内。同时，这种方式会对市场中投资者造成较大的损失。尤其是当价格出现跌停式的下跌时，可能会有大量投资者被套场内无法尽快撤离。

然而，这种大幅下跌在很多时候是没有预兆的，投资者无论是从筹码分布表现还是从成交量中都无法准确判断，因此，只能快速反应，在股价反转、筹码向上转移的同时迅速卖出。

接下来就进入案例分析中。

实例分析 西域旅游（300859）倒 V 形顶期间的筹码

图 4-30 为西域旅游 2023 年 3 月至 5 月的 K 线图。

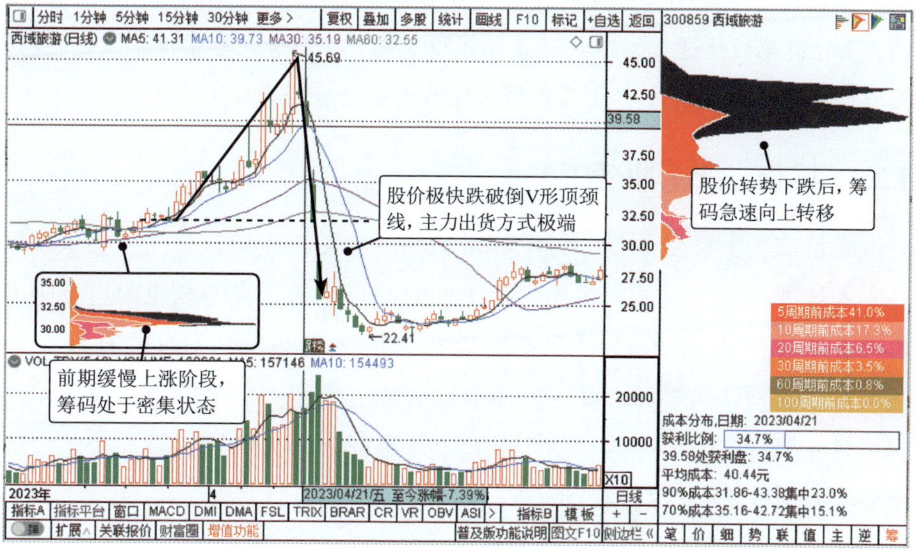

图 4-30 西域旅游 2023 年 3 月至 5 月的 K 线图

在 2023 年 3 月上旬，股价正处于缓慢的上升阶段，不过上涨幅度不大，在此期间筹码处于密集状态。在 3 月下旬至 4 月上旬这段时间内，股价越到后期涨速越快，甚至收出了数根超长实体的阳线，同时成交量也在积极放大辅助推动。

这一切都在说明市场积极性较高，主力正在努力推动价格向上，整体看来都属于健康的上涨信号，许多投资者也因此被吸引进入场内。

但是，就在价格创出 45.69 元的新高后，数日内就出现了快速的下跌。在初始下跌阶段的筹码分布图中，下方原本聚集的筹码急速向上转移到当前区间内，形成了一个非常显著的黑色单峰。

很明显，其中包含着主力的出货筹码。如果反应快的投资者注意到了这一点，就可以迅速在当天卖出。

而在后面两个交易日中，价格跳空向下快速滑落，短短数日后就跌到了 25.00 元价位线处，跌幅极为惊人，给场内被套盘造成了极大损失。

而这时投资者也可以清晰地观察到一个倒 V 形顶形态，股价的走势及筹码的变化都符合理论中的内容，因此，反应快的投资者是可以通过理论及时观测到主力的出货行为的。

如果股价下跌的速度没有这么快，大部分投资者都有机会及时撤离。当然，这种极端的快速大幅下跌还是比较少见的，投资者只要掌握了这一技巧，同时保持谨慎，在实战中就不会那么轻易地被套。

4.2.4 股价二次上冲受压

股价二次上冲受压是一种比较常见的高位反转走势，它往往会呈现出一定的规律状态。比如股价第二次上冲的高点在前一次的高点附近受阻，再次下跌就会形成一个类似于字母“M”的形态，也被称为双重顶。

在双重顶构筑期间，第一次下跌过程中，筹码会部分向上转移，呈现出黑色密集状态，但当其二次上冲再次下跌时，下方的大量筹码可能会向上聚集到当前价格区间内，形成一个单峰，如图 4-31 所示。

技术图示 双重顶形态的筹码表现

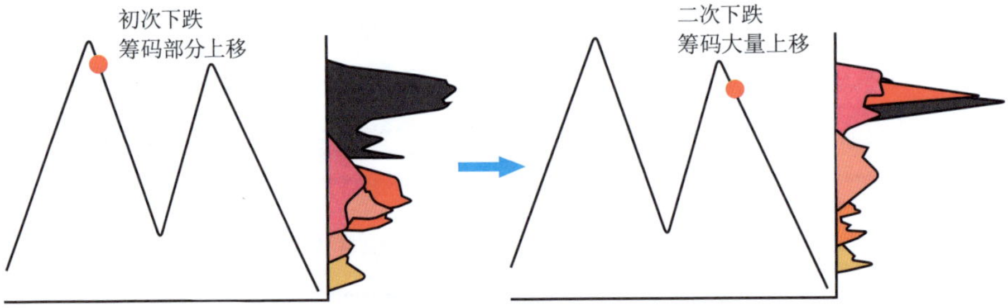

图 4-31 形态示意图

在这种情况下，短线投资者可以在股价第一次下跌的同时就卖出观望，而中长线投资者则可以在股价二次下跌后，根据 K 线与中长期均线之间的位置关系来判断行情是否转势，这一点在前面的许多案例中已经有所体现，这里就不再赘述。接下来直接进入案例分析中。

实例分析 纳川股份（300198）（现 ST 纳川）抓住双重顶卖出时机

图 4-32 为纳川股份 2024 年 8 月至 11 月的 K 线图。

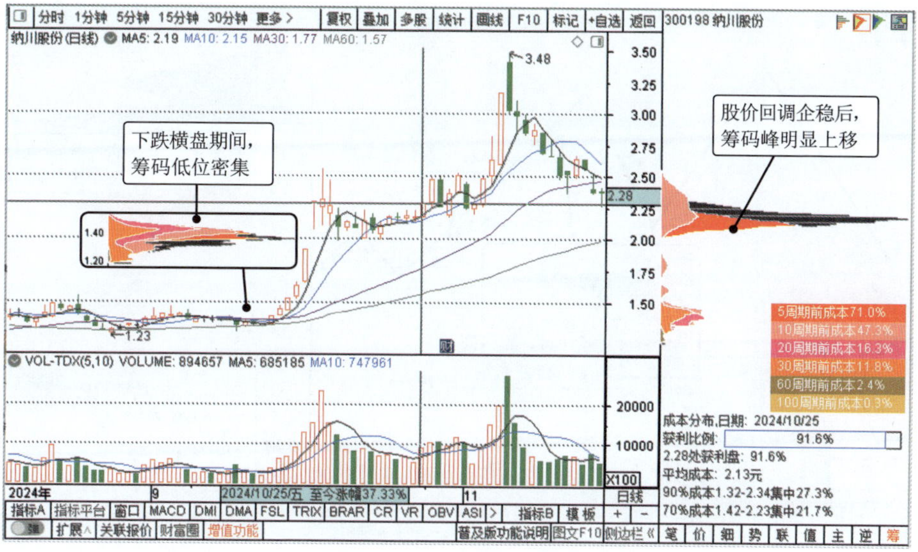

图 4-32　纳川股份 2024 年 8 月至 11 月的 K 线图

在纳川股份的这段走势中，股价在 2024 年 8 月至 9 月期间长期处于横盘状态，高点始终被压制在 1.50 元价位线下方，而中长期均线则基本保持在 K 线之下形成支撑。筹码分布图中显示，大部分筹码在当前价格区间内低位密集，说明该股还是有一定上涨潜力的，投资者可给予关注。

到了 9 月下旬，随着成交量的持续放大推动，股价开始连续收阳向上拉出一波上涨，高点来到 2.50 元价位线附近，在此受阻后小幅回调，落到 2.00 元价位线上，短暂震荡后继续上扬。

观察上涨过程中的筹码分布图可以发现，在股价回调企稳后，下方聚集起来的筹码峰明显向上转移到当前位置，形成了显著单峰，这意味着市场积极性较高。而另一些低位锁定的筹码也证实了该股还有上涨空间，投资者可保持持有，或者在股价重新上涨时继续加仓。

继续来看后面的走势，该股在 11 月初时成功向上突破了 2.50 元的关键压力线，并创出 3.48 元的新高。然而在创出新高的当日，K 线就收阴下跌，后续更是持续下行，低点向下接触到了 30 日均线，形成跌破的迹象。

接下来继续看筹码的表现。

图 4-33 为纳川股份 2024 年 10 月至 2025 年 1 月的 K 线图。

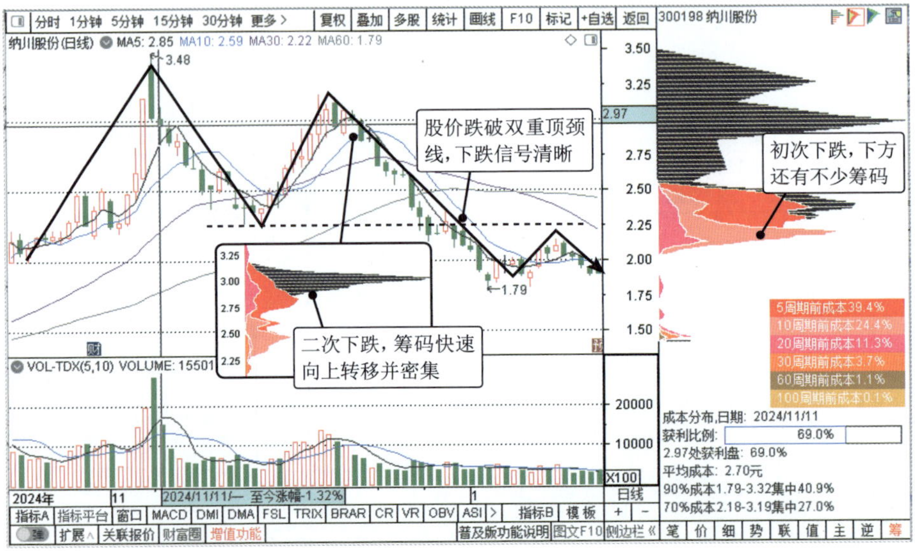

图 4-33　纳川股份 2024 年 10 月至 2025 年 1 月的 K 线图

从图 4-33 中可以看到，股价第一波下跌小幅跌破了 30 日均线。在下跌初期的筹码分布图中，大量的黑色近期筹码向上转移，形成了分散状态，但是下方仍有不少筹码保持锁定。

股价随后在 2.25 元价位线上得到支撑，并形成了快速的反弹。然而这一次该股反弹的涨速虽快，但是高点却没能突破前期的 3.48 元，只是来到了 3.25 元价位线附近，随后便再次下跌并迅速跌破 30 日均线，后续还有跌破 60 日均线的迹象。

此时再来看第二次下跌初期的筹码分布图可以发现，原本在下方聚集并锁定的筹码在持续向上转移，并在高位形成单峰，说明有大量卖盘正在此处抛售，这会对价格形成较大的压制力。

再加上此时投资者已经可以从股价规律性的走势中观察到一个比较清晰的双重顶形态，股价也即将跌破 60 日均线和 2.25 元的颈线，危险信号明确，投资者要注意及时撤离。

从后续的走势中也可以看到，股价一路向下击穿了两条关键支撑线后落到 1.79 元的低位并小幅反弹，但高点没能突破形态颈线，进一步证实了下跌行情的到来，还未撤离的投资者要抓紧时间。

4.2.5 反转形态出现时的筹码表现

股价顶部可能会出现一些比较特殊的反转形态，这些形态虽然构筑时间不长，但在配合筹码分布图和其他指标进行分析时，可能会产生意想不到的预示效果。

比较常见的顶部反转形态有黄昏之星、看跌吞没线、倾盆大雨、乌云盖顶等，本节就以比较典型的顶部看跌吞没线为例，向投资者展示如何将其与筹码分布图结合起来进行分析。

先来介绍什么是看跌吞没线，该形态是指 K 线在收出一根超长实体阴线后，整体向前完全覆盖住前面的数根 K 线，包含其实体和上下影线。

一般来说，这根长实体阴线只要能够以上下影线的范围向前完全覆盖就可以。但如果要形态标准，信号强烈，就需要阴线仅靠实体就完全覆盖住前面的小 K 线。被覆盖的 K 线数量不等，一根以上即可。被覆盖的 K 线越多，传递出的反转信号就越强烈。

与此同时，筹码分布图中会有怎样的变化呢？

很显然，股价在经历一段时间的上涨后，下方可能会留存一部分的获利盘，而上方也会转移一些近期黑色筹码，整体呈现出分散状态。

但当价格收出一根长实体阴线下跌时，大量的下方筹码会向上转移，并形成一个显著的黑色单峰。随着价格的持续下跌，黑色近期筹码峰会跟随向下移动，形成强烈的卖出信号，如图 4-34 所示。

技术图示　看跌吞没线形态的筹码变化

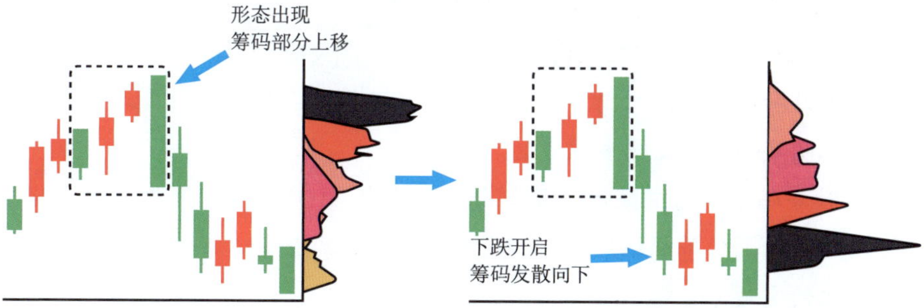

图 4-34　形态示意图

那么，投资者在其中的操作步骤也就很明确了，那就是在股价收出长实体阴线并形成看跌吞没线的同时先行卖出。短线投资者可以彻底清仓，中长线投资者可以部分减仓，然后观察 K 线与中长期均线及关键支撑线的位置关系，判断行情是否转势，进而决定是否撤离。

实例分析 和顺石油（603353）看跌吞没线形态应用

图 4-35 为和顺石油 2023 年 9 月至 12 月的 K 线图。

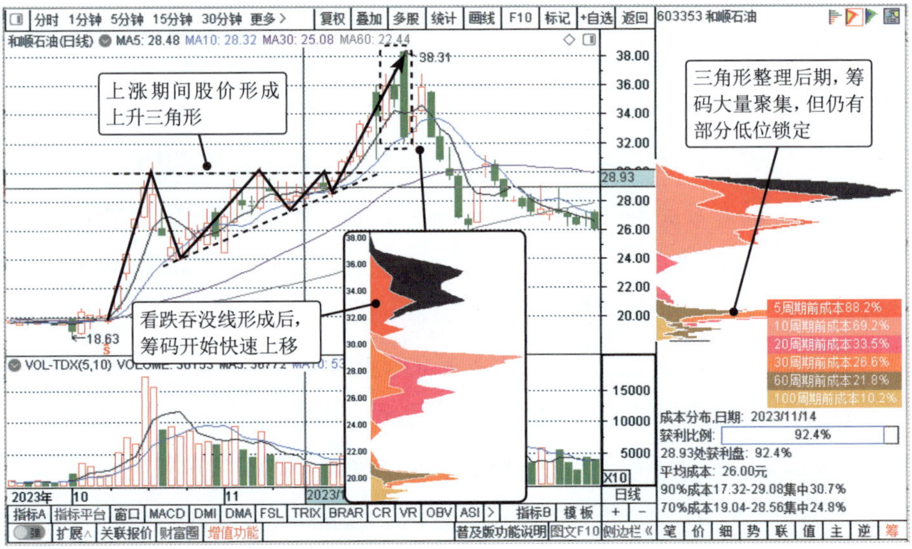

图 4-35　和顺石油 2023 年 9 月至 12 月的 K 线图

从图 4-35 中可以看到，2023 年 10 月初，成交量迅速放大并推动股价快速上冲，其间收出了数根向上跳空的阳线。随后价格在 30.00 元价位线上受阻并小幅回调，低点在 10 日均线上得到支撑。

不久之后，股价继续上行，但高点依旧未能突破这条关键压力线。随着震荡的进行和股价低点的持续上移，投资者可以逐渐绘制出一个上升三角形形态，证明市场依旧是看多该股的。

同时筹码分布图中显示，原本由于股价在 20.00 元价位线附近横盘震荡而聚集起来的低位筹码依旧处于锁定状态，因此，投资者可保持持有，观察后续价格的突破。

突破形成于 11 月下旬，股价快速收出阳线，越过压力线后持续上涨，高点来到了 36.00 元价位线附近短暂滞涨，随后便创出 38.31 元的新高。然而也是在当日，股价拐头快速向下滑落，最终收出一根超长实体的阴线，低点接触到了 32.00 元价位线。

这时投资者仔细观察可以发现，这根阴线的实体整体完全覆盖住了前面两根实体相对较小的 K 线，形成一个清晰且典型的看跌吞没线形态。

而此时的筹码分布图中显示，在该形态形成后，下方筹码开始快速向上转移，并在当前价格区间内形成了明显聚集，与该形态一同传递出危险信号，这时候短线投资者就可以先行撤离观望。

图 4-36 为和顺石油 2023 年 11 月至 2024 年 2 月的 K 线图。

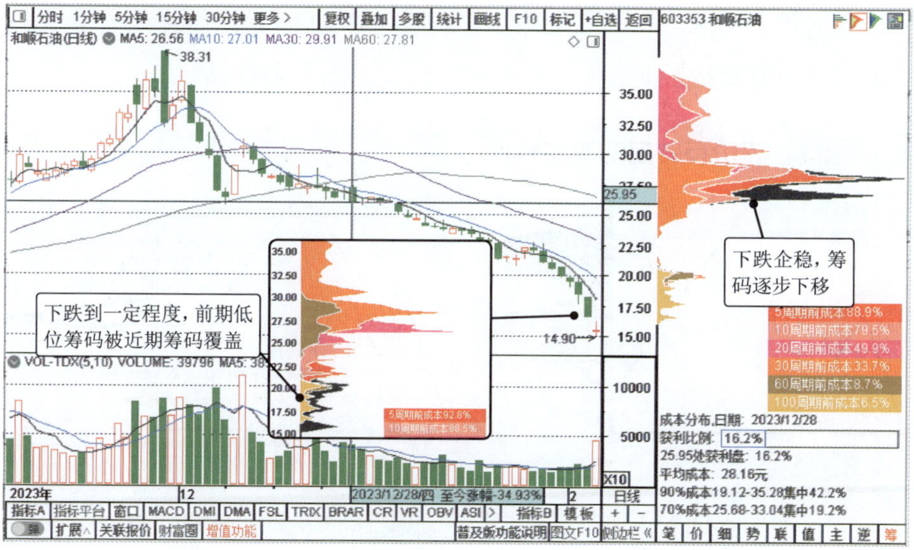

图 4-36 和顺石油 2023 年 11 月至 2024 年 2 月的 K 线图

从图 4-36 中可以看到，12 月初，股价持续收阴向下，直接击穿了 30 日均线，低点虽然踩在 60 日均线上得到支撑，但即便后续价格反弹向上，也没能越过 30 日均线，说明 30 日均线的支撑力已经转变为压制力。

那么当价格彻底向下跌破 60 日均线，筹码分布图中也显示黑色近期筹码开始跟随向下转移到当前价格区间内时，还未撤离的投资者必须要考虑及时止损了。

从后续的走势中也可以看到，该股在均线组合的压制下持续向下移动，跌势十分稳定。当其跌到后期时，市场中的筹码已经十分分散了，并且上方还有不少被套盘没有卖出。这将会对股价的反弹形成较强压制，短时间内很难盈利，因此，投资者没有必要再参与该股。

4.2.6 虚假的上涨双峰

对于上涨双峰的概念，相信投资者已经比较了解了。但什么是虚假的上涨双峰呢？其实就是当价格彻底反转时，筹码虽然形成了双峰形态，但价格并没能得到低位峰的支撑反弹，而是一路向下跌破一系列的支撑线，形成行情反转的信号。

这时候，原本应该向高位峰密集的筹码就会随着股价的持续下跌而向中间或者下方聚拢，导致上涨双峰信号失真，如图 4-37 所示。

技术图示 股价反转后的双峰转换

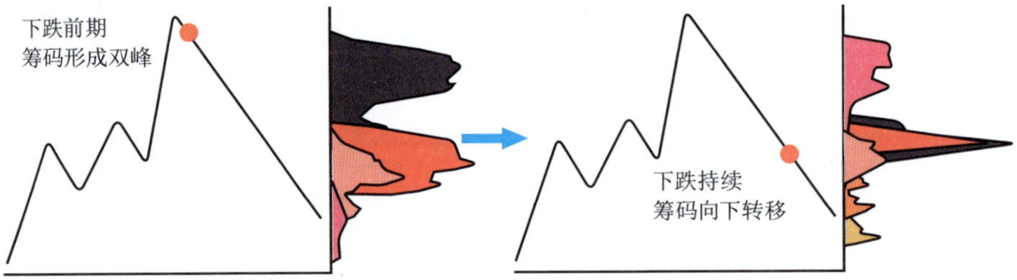

图 4-37 形态示意图

股价在下跌期间也可能形成反弹，如果其能够突破前期高点创出新高，那么后续可能还有上涨的空间。但其若是在某一关键压力线附近受阻后继续下跌，就进一步证实行情反转，投资者更需要及时撤离，以保住前期收益。

实例分析 果麦文化（301052）上涨双峰失效的情况

图 4-38 为果麦文化 2023 年 8 月至 12 月的 K 线图。

在果麦文化的这段走势中，股价在前期一路向下滑落，在震荡中创出 35.80 元的新低，随后在此价位线附近企稳横盘，最终在成交量的放大推动下转入上涨，很快便突破了中长期均线的压制进入拉升之中。

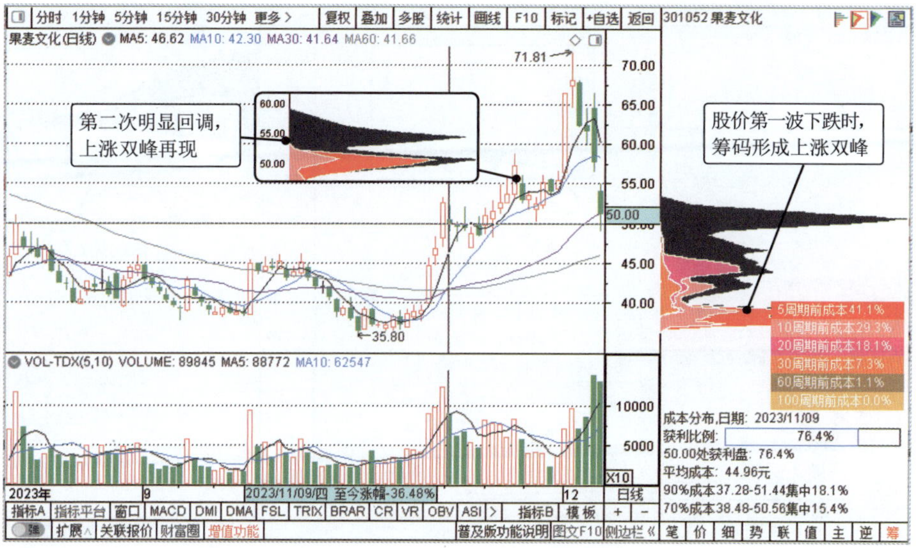

图 4-38　果麦文化 2023 年 8 月至 12 月的 K 线图

在第一波上涨回调期间观察筹码分布图可以发现，低位聚集的部分筹码没有完全上移，而高位又有部分黑色近期筹码在交易，由此形成了一个上涨双峰形态。

由于此时价格上涨幅度不大，且低点在 10 日均线上得到了支撑形成继续上涨的迹象，因此，该股应当还有向上攀升的潜力。这是一个比较健康，释放出良好看涨信号的上涨双峰形态，投资者可保持持有，甚至在低位适当加仓，以扩大后市收益。

随后，股价便继续上升成功突破前期高点。在 60.00 元价位线下方不远处受阻后，价格再次回落。此时的筹码分布图中又形成了一个显著的上涨双峰形态，后续价格回调的低点踩在 10 日均线附近，那么投资者也可以采取与前期相似的操作策略进行买卖。

图 4-39 为果麦文化 2023 年 11 月至 2024 年 1 月的 K 线图。

2023 年 12 月初，股价在 71.81 元的高位受阻后反转下跌，初始就收出了几根实体较长的阴线，这与前期股价回调期间的阴线表现大不相同。此时的筹码分布图中显示出又一个双峰形成，但由于股价跌速实在过快，投资者要保持谨慎，看这是否是一个虚假的上涨双峰。

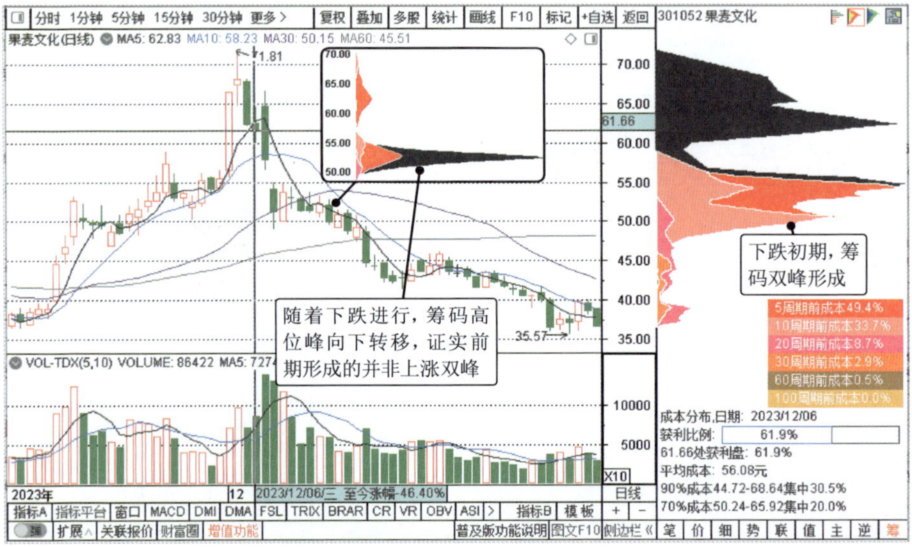

图 4-39　果麦文化 2023 年 11 月至 2024 年 1 月的 K 线图

数日后，股价彻底跌破 10 日均线，来到 30 日均线附近横盘，并有持续下跌的迹象。此时再看筹码分布图可以发现，原本上涨双峰中的高位峰筹码迅速向下转移到了当前价位线附近，说明这是一个虚假的上涨双峰。而随着价格的持续下跌，这个低位峰将跟随向下转移，对价格形成持续的抛压压制，因此，投资者不能再继续停留。

4.2.7　下跌双峰谨慎参与

下跌双峰是指在股价持续向下滑落的过程中，当其遇到某一支撑线企稳并反弹时，抓住时机在当前价位线附近交易的筹码会聚集为一个黑色的单峰。而上方被套盘若没有完全向下转移，就会与这一黑色单峰结合形成下跌双峰。它与上涨双方的含义正好相反，释放出的是明确的看跌信号，如图 4-40 所示。

当股价反弹受阻并继续下跌时，下跌双峰中的高位峰会逐步向下转移到低位峰中，形成持续的压制力。因此，投资者在遇见这种形态时最好不要参与，接下来就进入案例分析中。

技术图示 股价反弹形成筹码下跌双峰

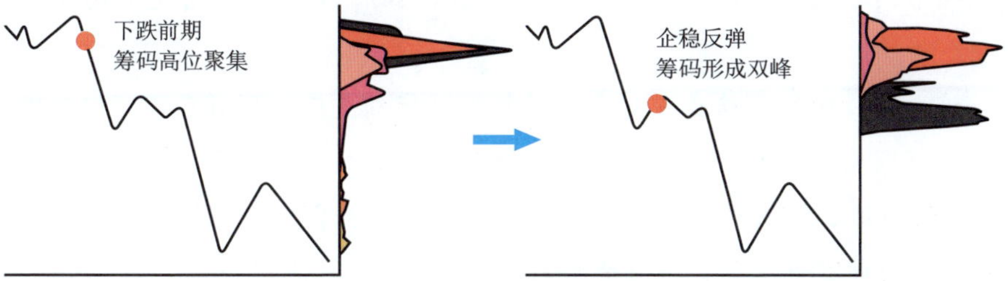

图 4-40　形态示意图

实例分析 云南城投（600239）筹码下跌双峰的应用

图 4-41 为云南城投 2024 年 9 月至 2025 年 1 月的 K 线图。

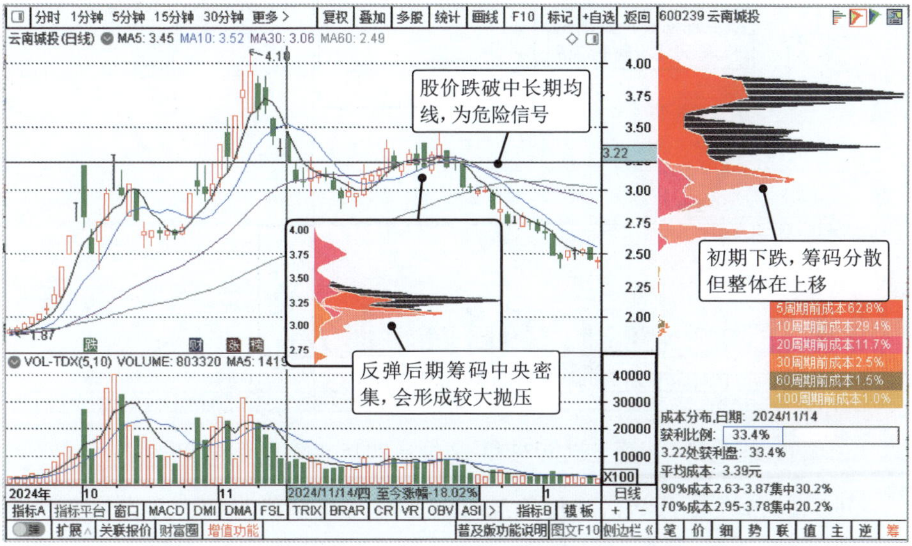

图 4-41　云南城投 2024 年 9 月至 2025 年 1 月的 K 线图

来看云南城投的这段走势，在 2024 年 9 月至 11 月上旬期间，股价上涨趋势十分明朗积极，价格在均线的支撑下持续创出新高。然而当价格高点上移的同时，观察成交量表现可以发现，11 月初的量能高点明显不如 10 月初的，与持续上涨的股价形成了量缩价涨的背离。这是一种市场推动力不足，股价可能即将转向下跌的警示信号。

那么，当价格在 4.10 元价位线上受阻并开始下跌靠近 30 日均线，投资者又观察到筹码分布图呈现出整体上移的状态时，就要及时警觉并迅速卖出观望。

这一次股价的下跌在 3.00 元价位线附近得到支撑并形成反弹，但其高点明显与前期差距较大。此时再看筹码分布图可以发现，大量筹码在向中央密集，对价格形成较大的抛压压制。再加上后续股价有跌破关键支撑线的迹象，行情极有可能就此反转，投资者最好先行卖出。

图 4-42 为云南城投 2024 年 12 月至 2025 年 3 月的 K 线图。

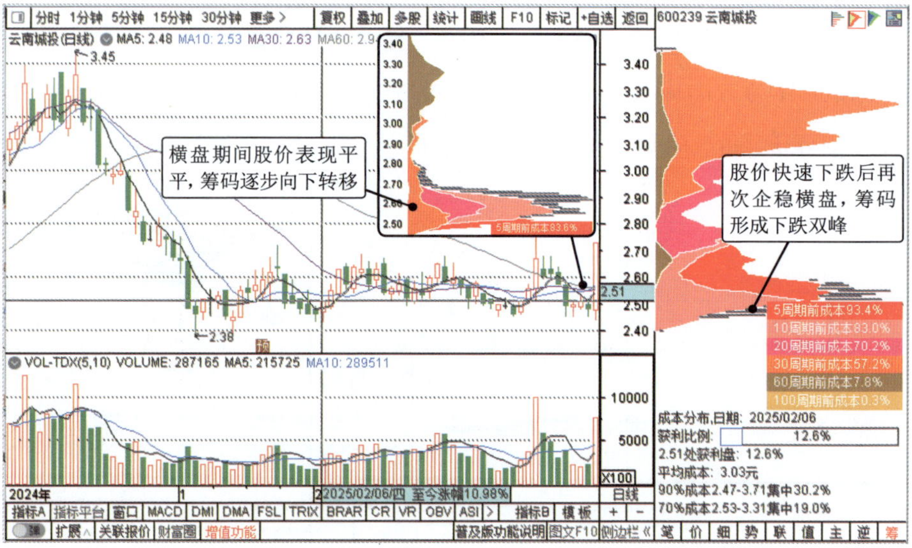

图 4-42　云南城投 2024 年 12 月至 2025 年 3 月的 K 线图

到了 2025 年 1 月初，股价已经跌到 2.40 元价位线附近，并在此企稳后长期横盘震荡。观察震荡期间的筹码分布图可以发现，上方的被套盘没有完全向下转移，但随着价格的横盘，部分抓住机会的投资者迅速低位止损，进而在筹码分布图中形成一个清晰的下跌双峰形态。

随着横盘的持续进行，当时间来到 3 月时，筹码分布图中显示，上方大量的被套盘已经向下转移到低位峰中，对价格的上涨形成强力压制。如果短时间内股票没能有更好的表现，投资者最好还是不要继续停留，以免造成较大的时间成本损失。

第5章

多角度确定主力筹码可靠性

在很多时候，投资者进行技术分析时不能单纯从某一个指标或角度出发，而是要借助多方面的信息进行综合判断。比如将筹码分布与某些常用、高效的技术指标结合分析，就能够提高成功率，实现真正的盈利。

5.1 盈利期分时图的表现

主力的盈利阶段主要包含建仓期和拉升期，在此期间，K 线的特殊形态和筹码分布图的特殊表现可以帮助投资者确定当前行情的走向及主力意图。但具体要在何时介入，投资者还是需要进入分时图中进一步考察。

若在这些关键时期内，分时图中形成了比较特殊的量价形态或者股价线走势，就能够帮助投资者更好地定位买点，及时作出决策。

5.1.1 建仓期放量逐步压价

建仓期的分时图放量压价指的是在下跌行情的后期，或是低位筑底横盘期间，主力还在建仓的过程中，某日或数日的分时股价线在开盘后，随着成交量的放大反而呈现逐步下跌的走势，如图 5-1 所示。

技术图示 开盘后成交量放量压价

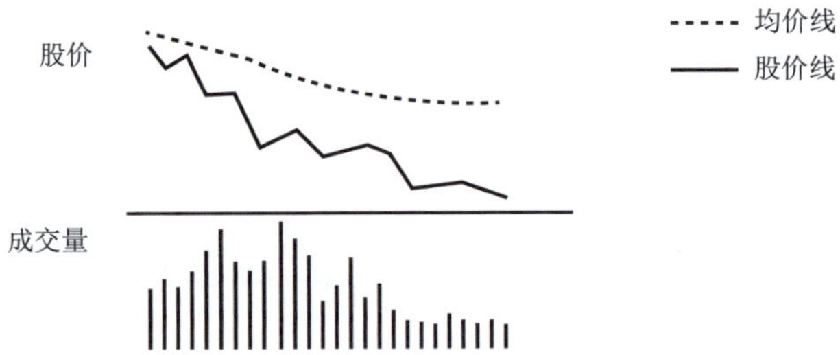

图 5-1 形态示意图

这种走势是主力通过挂出低价大卖单的方式迅速消化场内买单导致的，价格将持续下跌，属于主动性的压价。因此，该形态是比较明显的主力建仓标志，尤其是在 K 线形成加速下跌的走势时，更加能够证实这一点。

投资者可保持关注，待到股价形成反转迹象，筹码开始低位密集或是向上发散后就可以跟进。

实例分析 银河磁体（300127）建仓期的量增价跌

图 5-2 为银河磁体 2023 年 12 月至 2024 年 5 月的 K 线图。

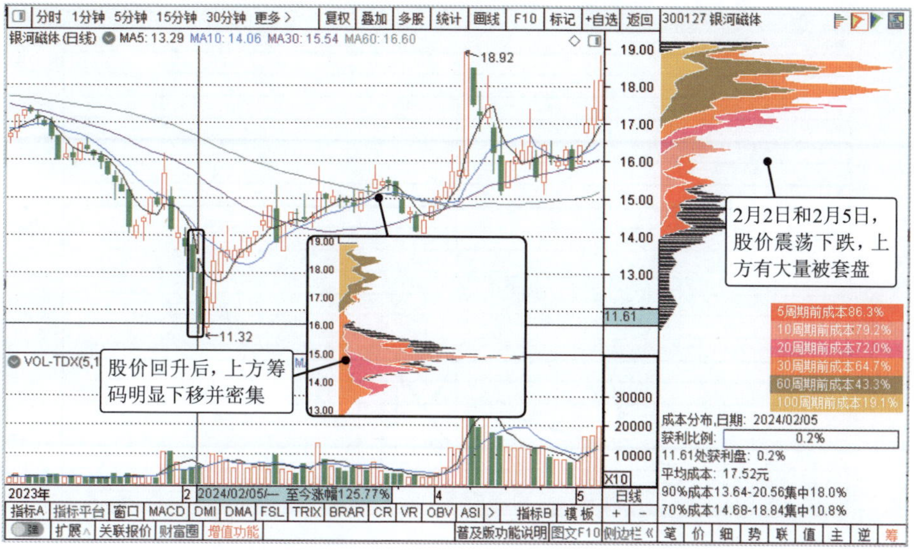

图 5-2　银河磁体 2023 年 12 月至 2024 年 5 月的 K 线图

来看银河磁体的这段走势，在 2023 年 12 月至 2024 年 1 月期间，该股长期被压制在中长期均线下方，并且越到后期跌速越快。同时在 1 月底，成交量出现了明显的放大走势，证实市场是在主动压价。这很明显是主力参与的痕迹，那么这段时间内主力可能正在建仓，以备后市拉升。

观察筹码分布图可以发现，在股价下跌的过程中，上方留有大量的被套盘，但依旧有不少黑色近期筹码在向下转移，其中大概率包含了主力的仓位，此时投资者就需要进入分时图中，进一步分析可能的反转买点。

图 5-3 为银河磁体 2024 年 2 月 2 日和 2 月 5 日的分时图。

2024 年 2 月 2 日和 2 月 5 日是股价加速下跌的两个交易日，从分时图中投资者可以清晰地观察到，股价线在两个交易日中都呈现开盘即下跌的走势，并且成交量都形成了明显的放量压制，进一步证实主力可能在其中参与吸筹的推测。那么这时投资者就可以对该股保持高度关注，看其何时产生反转。

下面回到 K 线图中继续分析。就在这两个交易日之后，股价创出 11.32 元的新低，当日即收阳反转，后续更是连续拉升向上接近 30 日均线，并在回调数日后成功向上突破。这就是一个明显的买进信号，说明后续即将迎来的不是强势反弹就是一波上涨行情。

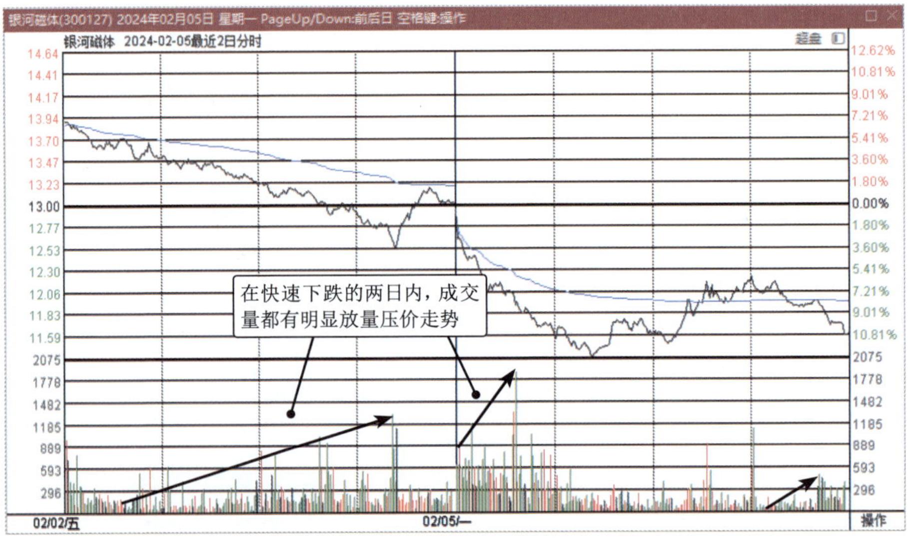

图 5-3　银河磁体 2024 年 2 月 2 日和 2 月 5 日的分时图

到 3 月底时，股价已经成功向上突破了 60 日均线。此时的筹码分布图中也显示上方的大量被套盘已经向下转移到当前价格线附近，并形成密集，意味着主力和散户都在蓄势待发，预备下一波的盈利，投资者可趁机跟进。

5.1.2　建仓期的缩量上涨

建仓期的分时缩量上涨指的是在主力建仓的过程中，分时股价线在开盘后，成交量先是直接形成巨量，将价格推出基础上升走势后，再随着时间的推移逐步缩减量能，稳步抬升价格，如图 5-4 所示。

技术图示　开盘后股价缩量上涨

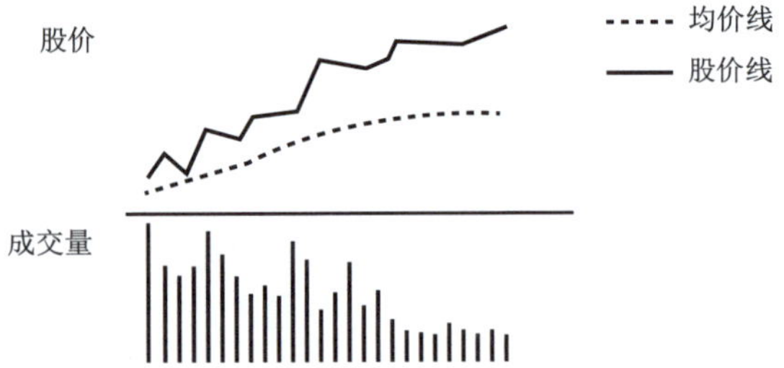

图 5-4　形态示意图

在股价结束加速下跌，逐步进入反转时，分时图中开盘后形成的巨量推涨就如同为市场注入的一剂强心针，使市场打起精神开始追涨，进而使得价格持续升高，达到良性循环。

后面的缩量是相较于开盘后前几分钟的量能来判断的，而事实上，如果将当时的量能与前期下跌期间的进行对比，还能够看出市场交投十分活跃，投资者的积极性已经被调动起来，后市看涨概率较高。

这时的筹码分布图中可能会出现近期黑色筹码迅速下移的走势，进一步证实投资者对主力参与，以及市场开始做多的推测。激进型的投资者当时就可以尝试轻仓跟进，谨慎型的投资者还是在股价上涨走势稳定后再介入，这样更加稳妥。

实例分析 **联合化学（301209）建仓期的量缩价涨**

图 5-5 为联合化学 2023 年 12 月至 2024 年 5 月的 K 线图。

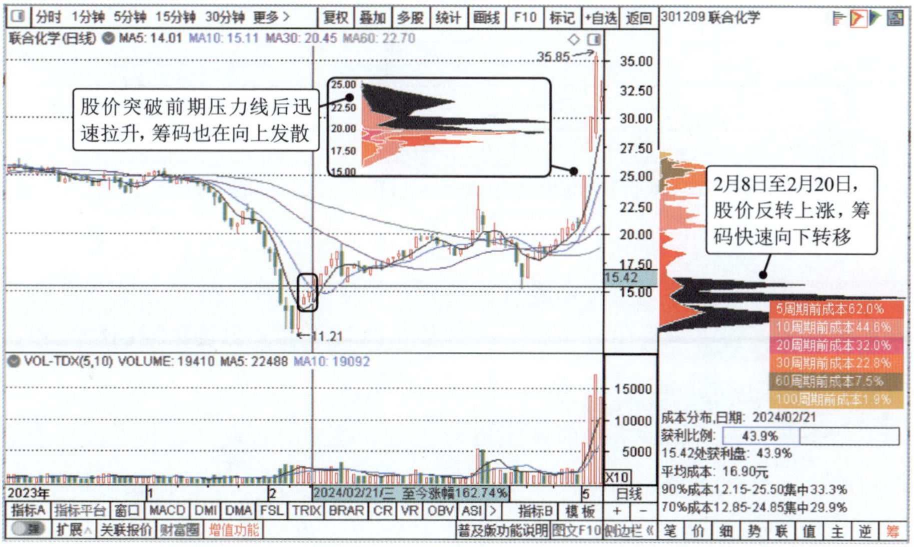

图 5-5　联合化学 2023 年 12 月至 2024 年 5 月的 K 线图

从图 5-5 中可以看到，在 2024 年 1 月期间，股价跌破 25.00 元的关键支撑线后迅速下跌，越到后期跌速越快，呈现出清晰的主力参与痕迹，说明此阶段是其建仓期。

到了 2 月初，股价在 11.21 元的位置触底后迅速反转。观察上涨初期的筹码分布图可以发现，原本聚集在 25.00 元价位线附近的筹码大量向下转移到当前的价格区间内，形成密集多峰，说明市场活跃度较高，其中也很可能包含主力吸筹的仓位。下面来看反转之后分时图中有何特殊表现。

图 5-6 为联合化学 2024 年 2 月 8 日至 2 月 20 日的分时图。

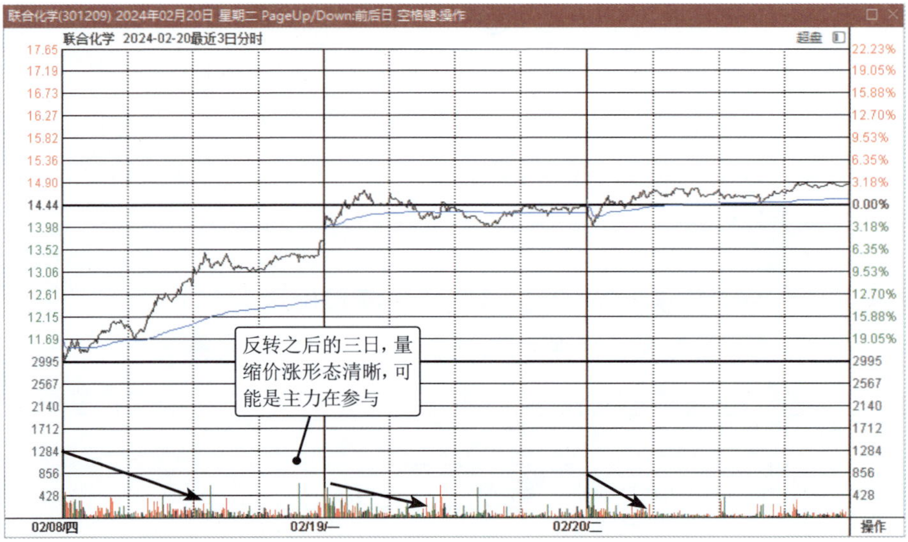

图 5-6 联合化学 2024 年 2 月 8 日至 2 月 20 日的分时图

2 月 8 日、2 月 18 日和 2 月 20 日是股价反转上涨后的三个交易日，从每一个交易日的分时走势可以发现，股价整体是在积极上涨的，并且成交量几乎都在开盘后第一时间放出巨量，将价格推出上升基调后缓慢回缩，形成缩量上涨的走势。

结合理论来看，这有可能是主力控盘程度较高的表现。再加上投资者基本可以确定 K 线图中的短期上涨走势，因此，可以在这三日内抓住时机跟进。

回到 K 线图中观察后续的走势可以发现，该股开始连续上涨，并在一个多月之后成功突破两条中长期均线。在 5 月初时，成交量更是放出巨量，推动价格形成跳空上涨，越过了 25.00 元的关键压力线。

此时的筹码分布图中也显示大量筹码向上转移，原本在该价位线附近聚集起来的远期筹码已经基本消失，市场积极性完全被调动起来，后市看涨的可能性较高，投资者可尝试加仓。

5.1.3 拉升期成交量放量推高

拉升期间的股价放量高走指的是在 K 线持续上涨的过程中，某一日或数日的分时股价线在开盘后的某一时刻受到成交量放大的支撑而持续震荡上涨的走势，极端情况下还可能直接涨停，如图 5-7 所示。

技术图示 开盘成交量放量高走

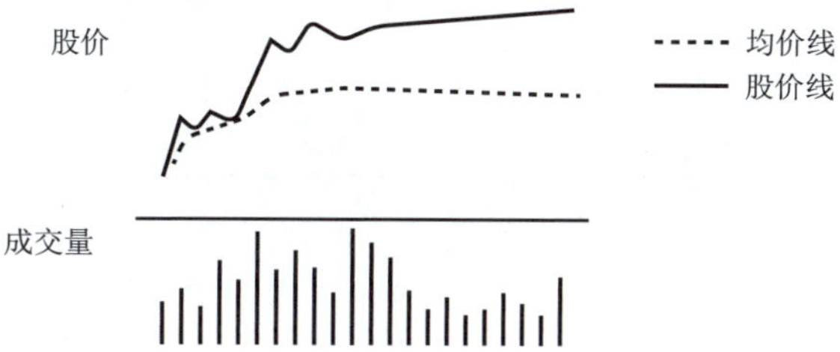

图 5-7 形态示意图

如果股价是以高开的方式开启当日的上涨，那么就意味着集合竞价期间市场看多的力量更加强劲，更多的买卖单愿意挂在高价上。因此，如果股价在高开后还能维持着放量震荡高走甚至涨停的趋势，当日及以后的市场基调就可能更偏向积极的一面。

当然，即便股价是低开，多次的量增价涨走势也足以证明市场中有一股强劲的力量在主导上涨，是主力的可能性非常大。因此，当投资者在确定市场进入拉升行情后，又在分时图中观察到这样的积极走势，同时筹码也在持续向上发散时，就可以趁机迅速建仓介入，抓住后续涨幅。

但需要注意的是，如果开盘放量高走的分时走势出现在高位震荡区间，或是股价短期暴涨的后期，投资者就要考虑是否是主力在诱多了，要根据当前行情的具体情况分析后再决定，不能盲目跟风买进。

实例分析 克莱特（831689）拉升期的量增价涨

图 5-8 为克莱特 2024 年 9 月至 12 月的 K 线图。

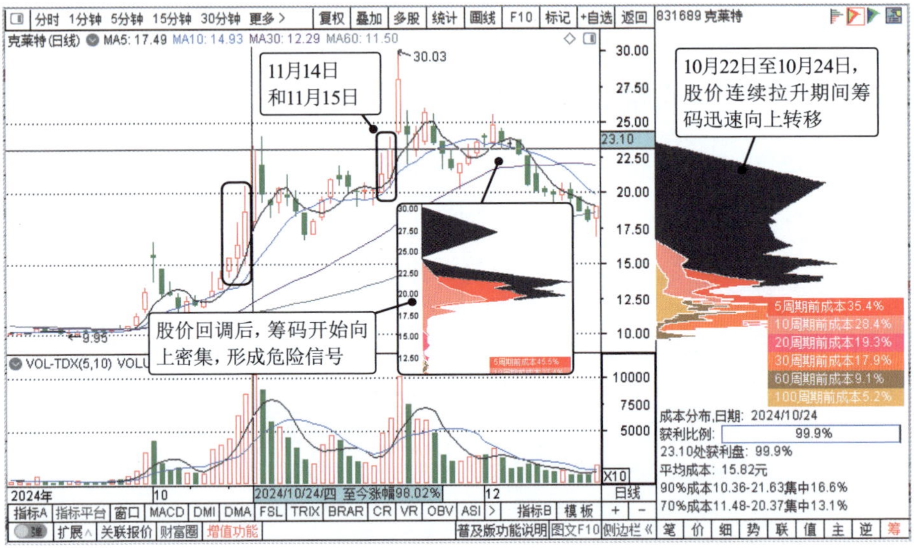

图 5-8　克莱特 2024 年 9 月至 12 月的 K 线图

在克莱特的这段走势中，2024 年 9 月期间，该股还处于 10.00 元价位线上方不远处横向窄幅震荡。但在 9 月底，随着成交量的放大推动，股价开始迅速上涨，第一波就突破了 15.00 元价位线，后续回调踩在 10 日均线上得到支撑并继续拉升。

在拉升期间，筹码分布图中显示，下方聚集起来的筹码在迅速向上转移，黑色的近期筹码覆盖了大片范围，说明市场的积极性较高。在大量资金注入的循环往复推动下，价格将会一波一波地上涨，属于看涨信号。

这时再来观察分时图中的走势，寻找合适的介入时机。

图 5-9 为克莱特 2024 年 10 月 22 日至 10 月 24 日的分时图。

10 月 22 日至 10 月 24 日是股价第二波拉升期间的三个交易日，从其分时走势中不难看出，在每个交易日内股价拉出快速上涨走势的同时，成交量都有积极的分段放量推动，这说明市场已经进入了注资推涨的良性循环，其中也大概率包含主力的引导仓位。再加上 K 线图中的走势和筹码分布图的看涨信息，投资者可抓住时机在这几个交易日内建仓或加仓。

下面继续来看后续的走势，该股的第二波上涨在 22.50 元价位线附近受阻后回调，低点小幅跌破 10 日均线，但很快便反转向上。在第三波拉升期间，分时图中又会有怎样的表现呢？来看图 5-10，即克莱特 2024 年 11 月 14 日和 11 月 15 日的分时图。

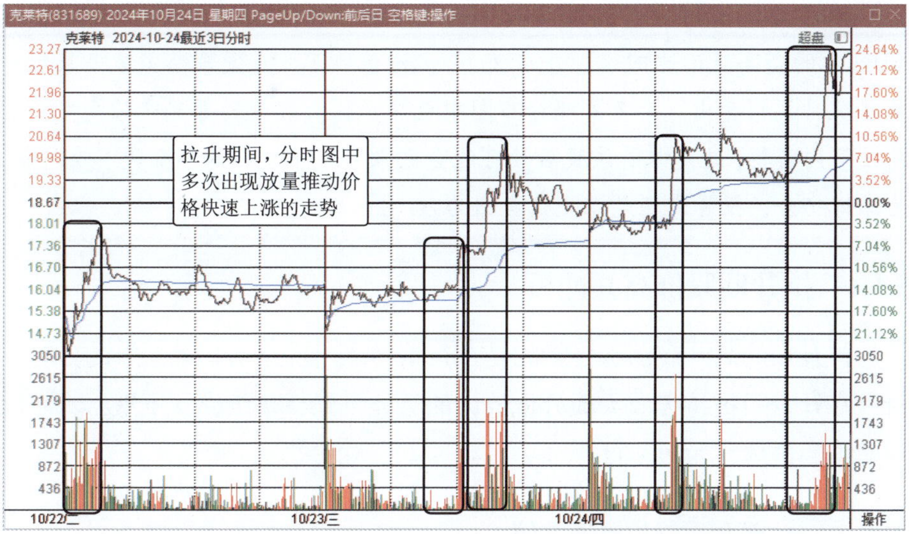

图 5-9　克莱特 2024 年 10 月 22 日至 10 月 24 日的分时图

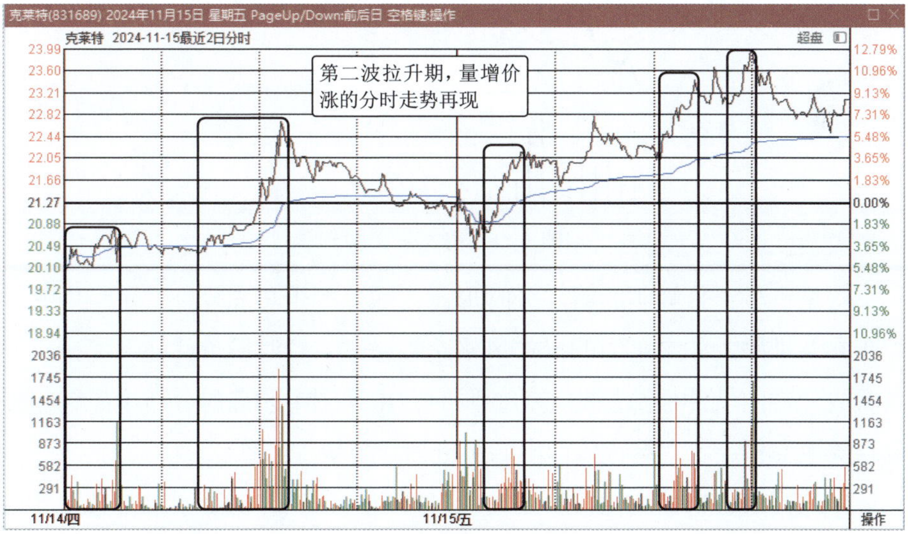

图 5-10　克莱特 2024 年 11 月 14 日和 11 月 15 日的分时图

11 月 14 日和 11 月 15 日是第三波拉升期间的两个交易日，分时图中依旧呈现出与前期十分相似的，成交量分段放大推动价格迅速上涨的走势，那么根据前期经验，投资者就可以采取相似的操作策略进行买卖。

不过由于当前价格已经比较高，因此，当投资者发现股价后续创出 30.03 元的新高后迅速回落，并在 25.00 元价位线下方反复震荡突破无果后，就要及时兑利卖出。毕竟筹码分布图中也显示，大部分的筹码开始向当前震荡区间内密集，这意味着该股后续可能会迎来一波深度回调甚至是下跌行情，为保证安全，投资者还是以先行卖出为佳。

5.1.4 拉升期股价高开冲板

拉升期的高开震荡涨停指的是在行情转入上涨之后，某一日的分时股价线在开盘后被持续放大或分批放大的量能推动，呈锯齿状上涨，直至涨停封板的走势，如图 5-11 所示。

技术图示 开盘后股价迅速涨停

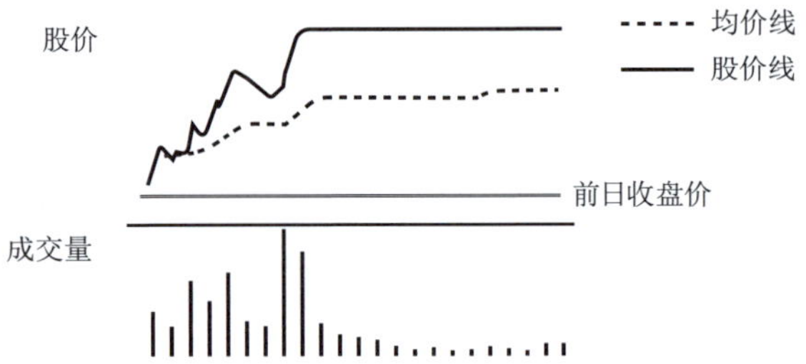

图 5-11 形态示意图

这是一种十分鲜明的看涨分时形态，涨停的走势充分证实了场内有主力在参与推涨。如果主力的操作风格比较激进，分时股价线还可能出现开盘后数分钟内就冲板涨停的走势，同时，K 线图中的筹码分布中黑色近期筹码快速上移，二者结合传递出的买进信号将更加强烈。

显然，这种极端走势留给超短线投资者的买卖时机基本上是转瞬即逝的，已经在前期建仓的投资者还好，即便股价涨停也能卖出。但如果投资者在股价线冲板的过程中稍有犹豫，就无法实现低吸。

不过直线冲板形态并不如锯齿状震荡后再涨停的走势常见，后者为投资者留出的分析和决策时间更多，投资者在选择买卖位置及管理仓位时也能更加游刃有余。

但需要注意的是，该形态传递出的是否是后市进入拉升的信号，还需要投资者结合 K 线走势及筹码分布图来综合判断，确定是拉升期后再介入，以免高位被套。

实例分析 众泰汽车（000980）拉升期间的分时图涨停

图 5-12 为众泰汽车 2024 年 7 月至 12 月的 K 线图。

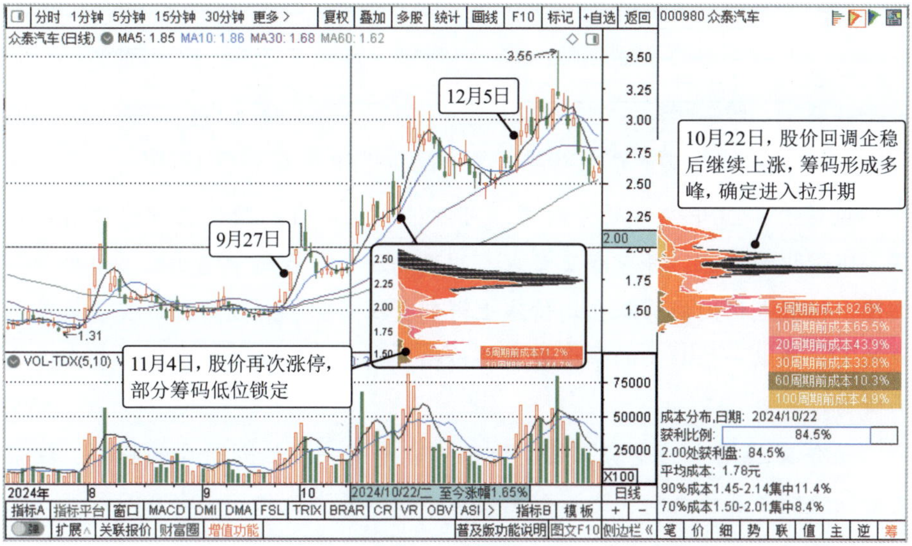

图 5-12　众泰汽车 2024 年 7 月至 12 月的 K 线图

众泰汽车的这段上涨走势起始于 2024 年 7 月底，股价在 1.31 元的位置触底后迅速反转。然而第一波上涨速度虽快，却没能持续太长时间，该股很快回落，低点落到 1.50 元价位线附近长期横盘震荡。

观察其间的成交量表现可以发现，相比于前期下跌过程中的量能来说，这段时间内的市场还是比较活跃的，其中很可能有主力在进行建仓，投资者可保持关注，但不要立即介入。

9 月底，成交量开始放大并推动价格向上拉升。9 月 27 日，K 线收出一根光头光脚的大阳线，呈现出清晰的上涨信号，此时来看分时走势。

图 5-13 为众泰汽车 2024 年 9 月 27 日和 10 月 22 日的分时图。

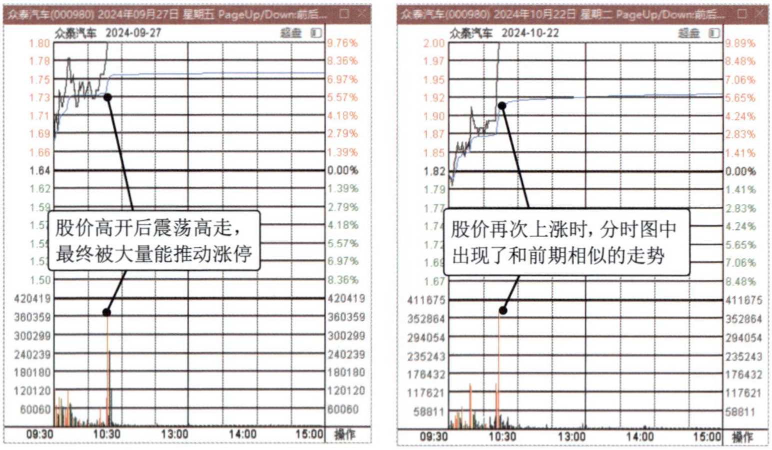

图 5-13　众泰汽车 2024 年 9 月 27 日和 10 月 22 日的分时图

观察图 5-13 中左侧的分时图，可以很明显地看到股价在开盘之后就出现了锯齿状的上涨，并且成交量也有明显的放大。后续量能回缩，价格稍有回落，但低点仍旧能够踩在均价线上得到支撑。10∶00 之后，成交量再度迅速放大，并以一根超长的单根量柱将价格直接推到了涨停板上，很明显是主力所为。

结合 K 线图中的走势来看，这很可能是下一波拉升开启的标志，投资者如果没能在涨停之前买进，就需要尽早挂单抢占先机，或者在后续开板之后迅速跟进。

下面回到 K 线图中继续分析。股价的第二波上涨在 2.25 元的位置受阻后回落，低点落到 1.75 元价位线附近横盘震荡，并在 10 月 22 日形成了又一次快速拉升。当日的筹码分布图中显示，筹码形成了上涨多峰形态，并且下方有大量低位筹码锁定，市场整体积极看好。

同时，在图 5-13 右侧的分时图中，10 月 22 日的成交量和股价线形成了与 9 月 27 日非常相似的走势。两日都在开盘后不久就形成锯齿状拉升并最终涨停，同时成交量也放出单根巨量，这意味着主力在进行下一波推动，投资者可采取与前期相似的策略操作。

再看 K 线图，11 月 4 日，股价已经成功向上突破 2.25 元的关键压力线。

当日的筹码分布图中也显示部分低位筹码依旧处于锁定状态，因此，后市仍旧积极看好。而当日的分时走势又会有怎样的特殊表现呢？来看图 5-14，即众泰汽车 2024 年 11 月 4 日和 12 月 5 日的分时图。

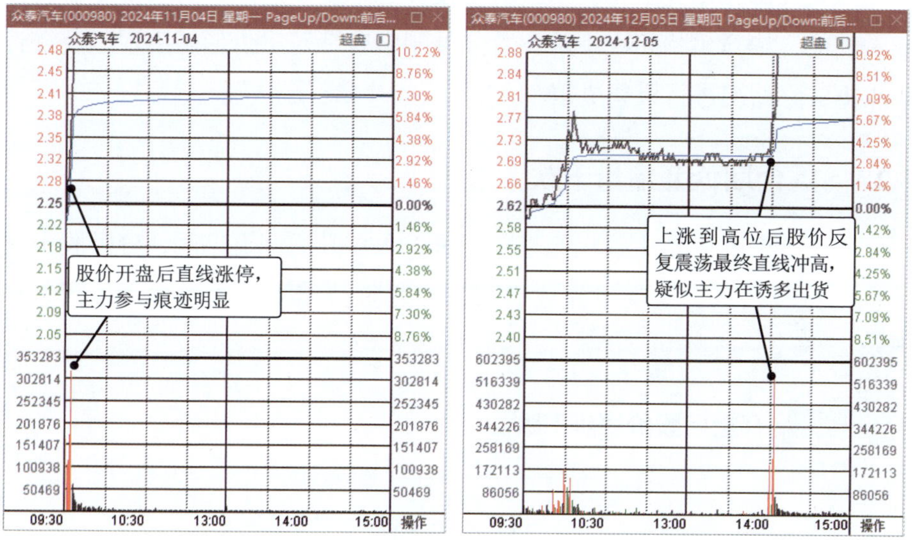

图 5-14 众泰汽车 2024 年 11 月 4 日和 12 月 5 日的分时图

图 5-14 左侧的分时图中显示，股价在 11 月 4 日开盘后就受到成交量巨量的推动而直线向上，短短数分钟内就实现了涨停。这就是理论中提到过的极端情况，虽然投资者可能无法在短时间内加仓或者建仓，但该形态可以证实主力的坚定看涨态度，投资者即便在后续开板期间再介入也来得及。

回到 K 线图中，股价上涨到 3.00 元价位线附近，受阻后回落整理，低点踩在 30 日均线上并在此得到支撑，随后于 12 月 5 日收出一根长阳线拉升。

在图 5-14 右侧的分时图中，股价线在 12 月 5 日开盘后依旧呈现出锯齿状上涨，但没能在短时间内涨停，而是小幅回落。股价线与均价线纠缠在一起长期横盘震荡，一直到 14:00 之后才被突然放大的量能推动直线涨停。

这虽然也是主力制造的涨停，但是由于股价前期震荡时间过长，且当前行情位置较高，投资者需要将主力高位诱多出货的可能性考虑进去，进而根据自己的风险承受能力和盈利情况决定是否还要继续加仓。

5.2 兑利期分时图的表现

兑利期包含主力的震仓期和出货期，其中出货期是主要盈利阶段，震仓期只是在部分回笼资金。不过对于投资者来说，这两个阶段都是需要重点关注的，毕竟价格正在下跌。若分时图中有特殊量价形态出现，投资者需根据实际情况进行果断决策。

5.2.1 震仓期低开缩量下跌

震仓期低开缩量下跌指的是在股价进入拉升后回调期间，分时股价线在以低价开盘后，成交量先放后收，使股价持续下跌的走势，如图 5-15 所示。

技术图示 开盘后股价逐步下跌

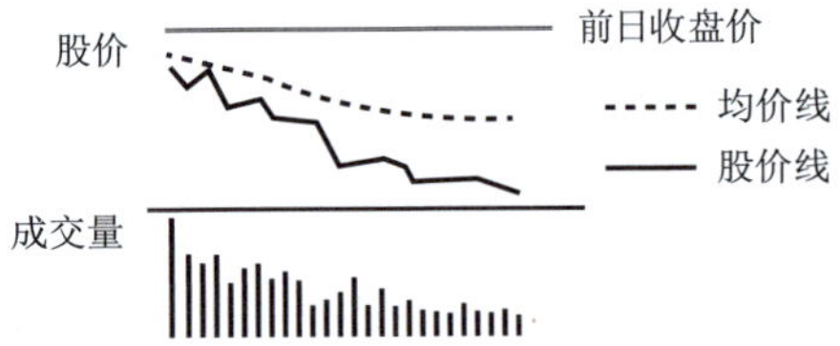

图 5-15 形态示意图

这种情况通常是主力引导下市场自然成交的结果，有时候即便主力不在开盘时放量压价引导，市场也可能形成这种走势。尤其是当前一日股价的涨势良好时，盘中积累的大量获利盘就可能在次日开盘后集中涌出，并随着时间的推移而逐渐减少，最终形成开盘低开缩量下跌的形态。

也就是说，开盘低开缩量下跌的形态在相对高位形成时，往往意味着回调或下跌的到来，对于短线投资者来说是应当卖出观望的信号。当然，投资者还要注意筹码分布图的表现，看下方是否存在低位锁定筹码，以判断个股后市是否还有上涨潜力。

实例分析 颖泰生物（833819）震仓期的量缩价跌

图 5-16 为颖泰生物 2024 年 8 月至 12 月的 K 线图。

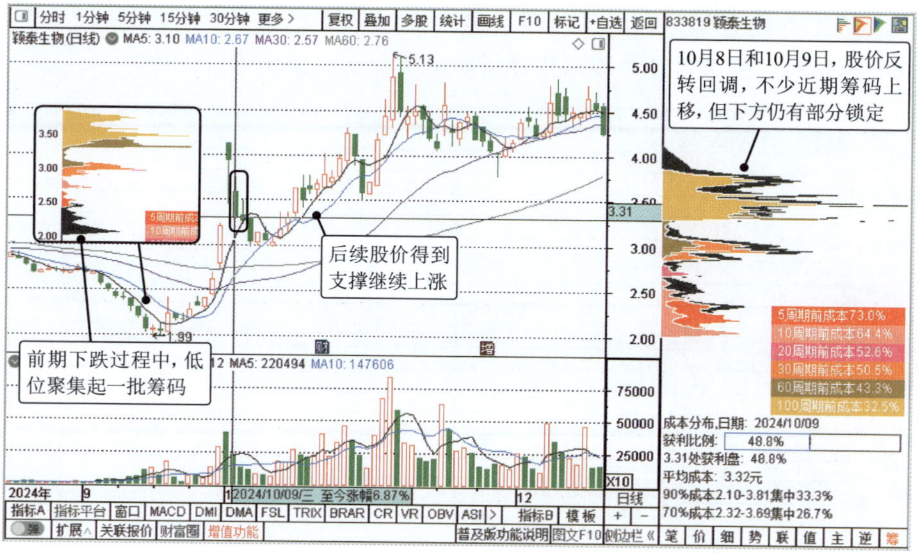

图 5-16　颖泰生物 2024 年 8 月至 12 月的 K 线图

从颖泰生物在 2024 年 9 月初的加速下跌走势，以及筹码分布图中黑色近期筹码低位聚集的表现来看，主力在此阶段内可能正在建仓，不久之后价格将迎来反转，投资者可保持关注。

9 月中旬，股价在 2.00 元价位线附近得到支撑后企稳并迅速反转向上，半个月后成功突破两条中长期均线，预示出一波强势反弹或是上涨行情的到来，同时也吸引了大量投资者介入。

不过这第一波上涨很快在 4.00 元价位线上受阻，价格收阴回落。回落期间投资者观察筹码分布图可以发现，有不少黑色近期筹码在向当前位置转移，但下方依旧有筹码保持锁定，说明主力前期建立的仓位还未彻底卖出，因此，此次下跌可能只是一次回调，投资者可以进入分时图中进一步观察。

图 5-17 为颖泰生物 2024 年 10 月 9 日的分时图。

10 月 9 日成交量整体呈现出缩减状态，并且在缩减的同时，股价也在逐步向下滑落。

但在某些时刻，股价线下跌的速度会格外快，同时成交量也有单根或多根量柱放大压制的情况。因此，即便量价呈现出整体的量缩价跌，投资者依旧可以从中观察到主力刻意压价引导价格整体滑落的意图。

结合K线图中的筹码分布图表现来看，投资者可以基本断定这是一次震仓，因此，可结合自身的操作习惯决定是卖出观望还是保持持有。

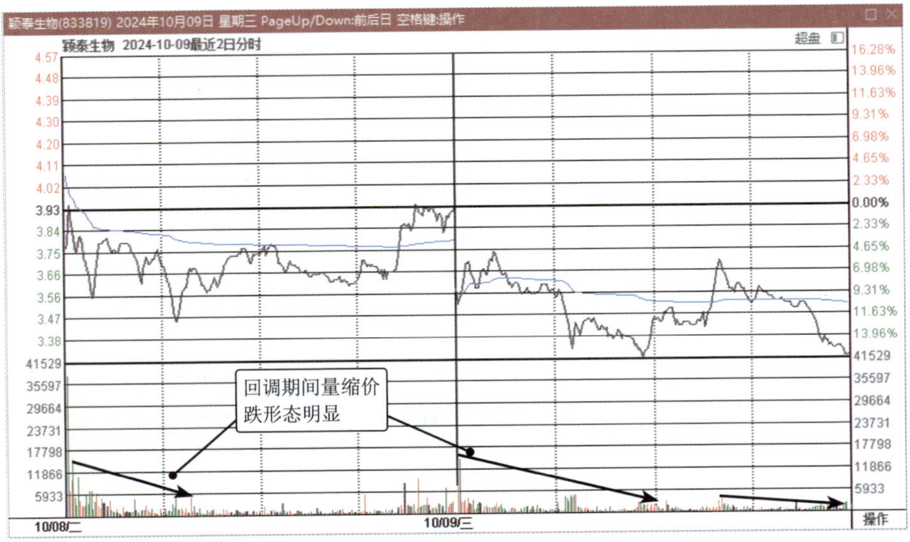

图 5-17 颖泰生物 2024 年 10 月 9 日的分时图

从后续K线图中的走势也可以看到，股价落到3.00元价位线附近后企稳横盘，并在短时间内迅速上涨，进入下一波拉升之中。此时已经卖出的投资者可以重新建仓，保持持有的也可以继续加仓。

5.2.2 震仓期午盘放量跳水压价

震仓期的午盘放量跳水压价指的是在股价回调期间，分时股价线在早间相对平稳运行后，于下午时段出现急速下跌，成交量也呈现出持续或分段放量压制的走势，如图 5-18 所示。

午盘放量跳水压价的走势更具有主力参与代表性，因为在自然交易情况下，价格线很难形成早间横盘后午间突然下跌的走势。因此，投资者在发现这一形态后基本可以确定是主力在操作，进而可以根据当前的行情位置及筹码分布表现判断其意图。

不过，尽管午盘放量跳水压价的走势比较突兀且短暂，但传递出的短期看跌信号是十分清晰的。如果当前行情又正好是在高位震荡区域，或是经历连续上涨后的反转位置，短线投资者更需要及时撤离观望。中长线投资者则可以根据筹码的状态来判断后市上涨潜力，进而决定是否离场。

技术图示 午盘放量跳水压价

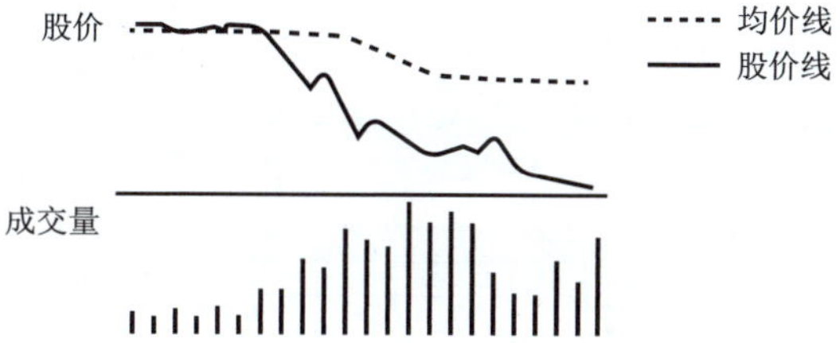

图 5-18　形态示意图

实例分析 国子软件（872953）震仓期的量增价跌

图 5-19 为国子软件 2024 年 9 月至 12 月的 K 线图。

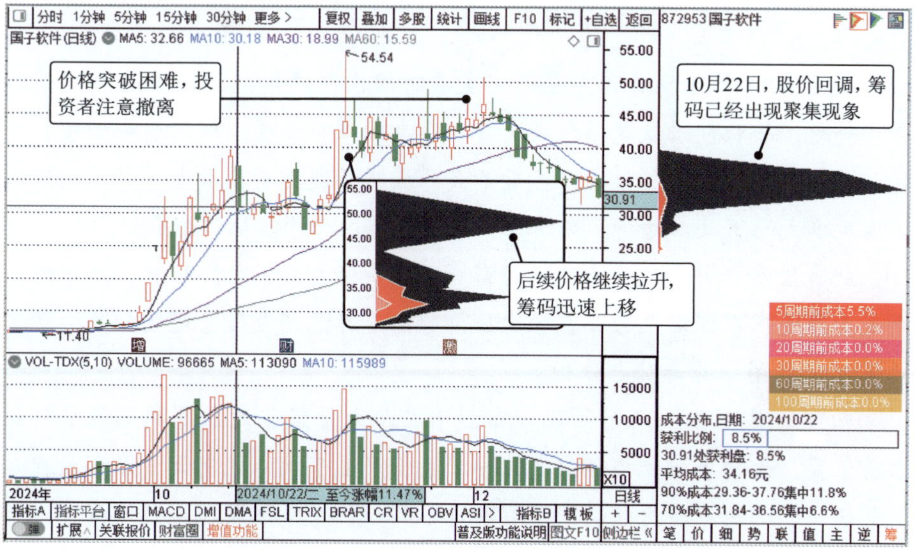

图 5-19　国子软件 2024 年 9 月至 12 月的 K 线图

在国子软件的这段走势中，股价于 2024 年 9 月底开始出现明显上涨，第一波拉升在 40.00 元价位线附近受阻后回落，收出一根长实体阴线，下面来看当日的分时走势。

图 5-20 为国子软件 2024 年 10 月 22 日的分时图。

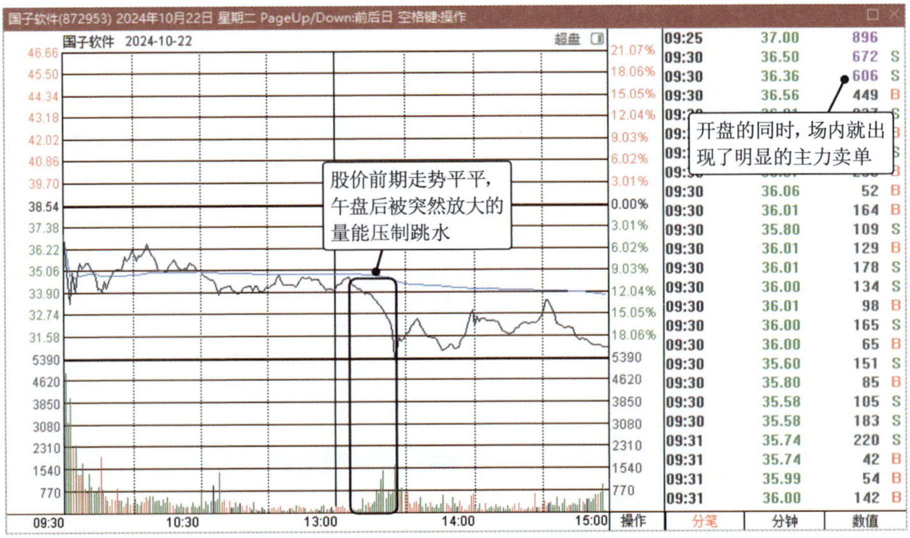

图 5-20　国子软件 2024 年 10 月 22 日的分时图

从图 5-20 中可以看到，在早间交易时间内，股价线几乎都与均价线纠缠在一起，并长期横盘震荡。成交量在开盘后短暂放量，随后长期回缩，整体相对平淡。但在下午时段开盘后不久，成交量突然再度放大，并压制价格出现跳水式的下跌，转折十分清晰，很明显是主力才能操作形成的。

此时投资者再来观察右侧数据窗口中股价开盘后的挂单情况，其中的几个大卖单进一步证实主力正在场内压价。但是其意图是震仓还是出货，还需要根据 K 线图中的走势来分析。

回到 K 线图中，此时筹码分布图中显示大量黑色近期筹码已经聚集到当前位置，说明市场积极性极高，一旦股价产生下跌，就有大量获利盘在此兑利卖出。这虽然对价格的上涨有些许不利，但由于该股在震荡过程中一直没有跌破 30.00 元价位线的支撑，并且在前期也只是进行了第一波拉升，主力立即出货的可能性不算大，投资者还是可以先观望一段时间。

进入 11 月后，成交量再次放大并推动价格向上攀升，证实了该股还有上涨空间。同时，筹码分布图中显示近期筹码迅速上移，市场交投活跃，可能会对价格形成积极的推动作用。

然而这一波上涨也没能持续太长时间，价格在创出 54.54 元的新高后就长期高位滞涨，其间收出非常多带有长上影线的 K 线，说明上方压力较重，价格随时可能产生反转，投资者要注意及时止盈撤离。

5.2.3 出货期跌停板附近震荡

跌停板附近震荡指的是股价在分时图中跌停后，价格线长期保持在跌停板附近的低位上下窄幅震荡，但最终还是以封板收盘，如图 5-21 所示。

技术图示 股价在跌停板附近震荡

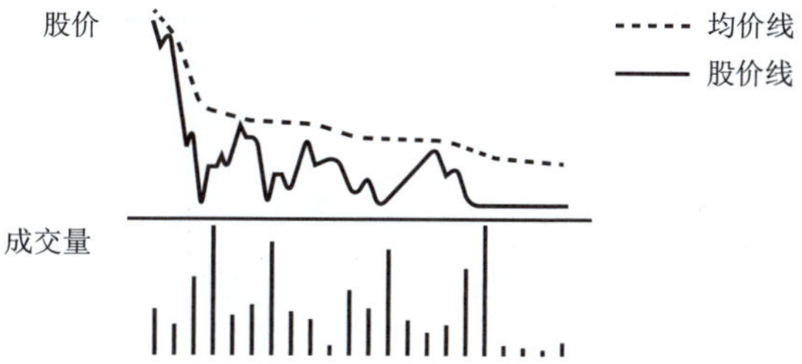

图 5-21 形态示意图

这种低位震荡往往是市场多空双方激烈博弈的结果，但如果该形态是在一些关键位置出现，比如上涨高位、高位横盘后期形成的，这种博弈就很可能是主力内部对倒买卖，以及刻意拉开跌停板实现大批量出货的表现。

此时投资者在通过筹码分布图中的高位密集形态，或是低位锁定筹码快速上移的走势确定行情转势的可能时，就需要及时在股价开板的同时迅速挂单卖出，尽可能地减少损失。

实例分析 天威视讯（002238）出货期间的分时图跌停

图 5-22 为天威视讯 2023 年 10 月至 2024 年 2 月的 K 线图。

从图 5-22 中可以看到，天威视讯的股价在 2023 年 11 月初出现了连续的一字涨停式上涨，短短数日就从 6.00 元价位线附近上涨至 14.00 元价位线上，这种上涨在 A 股市场中都是比较罕见的。但这种上涨很显然无法持续太长时间，因此，当价格在后续出现快速回落时，投资者更要注意及时卖出兑利。

第一次快速回落形成于 11 月下旬，股价以跌停的方式落到了 12.00 元价位线上，但没有继续向下，而是在此得到支撑后继续上涨，说明后续可能还有一定的获利空间，投资者可在卖出后重新跟进。

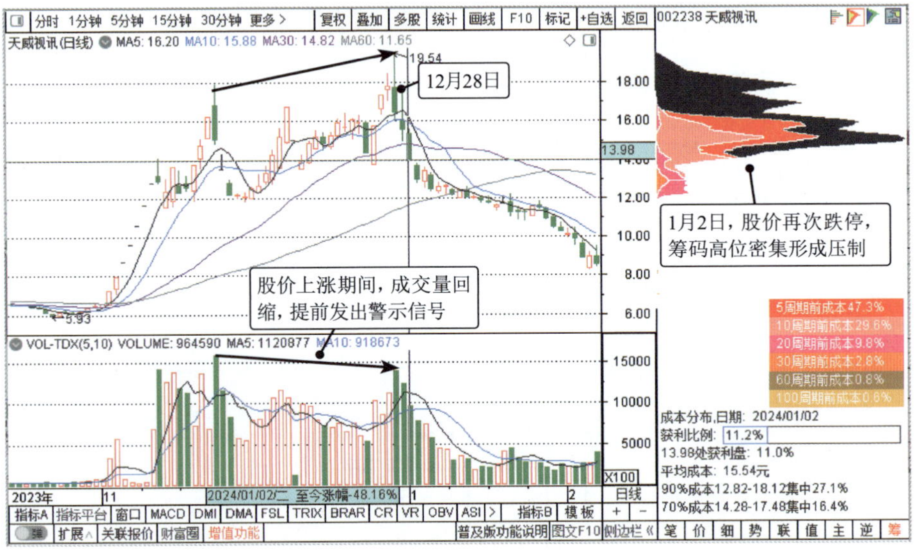

图 5-22　天威视讯 2023 年 10 月至 2024 年 2 月的 K 线图

然而第二次上涨的速度明显不如前期，股价在震荡近一个月后才越过前期高点来到 19.54 元的最高价。但也就在当日，K 线收出一根带有长上影线的阴线，说明盘中有过明显的冲高回落走势。下面来看分时图。

图 5-23 为天威视讯 2023 年 12 月 28 日和 2024 年 1 月 2 日的分时图。

在图 5-23 左侧的分时图中，股价在 12 月 28 日开盘后就出现了直线拉升，一路冲到最高点后小幅回落，低点踩在均价线附近横盘震荡。该股到此时都是一次比较正常的上涨，但在 11:00 之后，股价线迅速向下跳水，越到后期跌速越快，直至在下午时段落到跌停板上并反复震荡。

很显然这是主力操作的结果，结合 K 线图中成交量随着股价的高点上移而回缩的走势来看，当日前面的上涨很有可能是主力制造的多头陷阱，吸引大量买盘介入来接手自己分批散出的筹码，达到出货目的。

从后续的走势中也可以看到，该股连续下跌，在 2024 年 1 月 2 日再次形成跌停。分时图中也呈现出开盘低开低走，并且落到跌停板上震荡的走势，向投资者发出了清晰的警告信号。同时，筹码分布图中显示大量筹码高位密集，对价格形成压制，还未离场的投资者要抓紧时间。

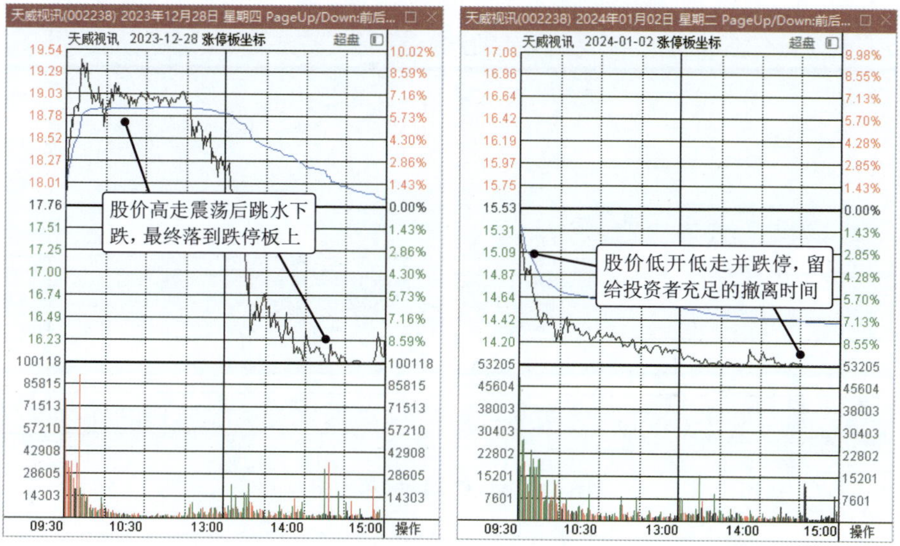

图 5-23 天威视讯 2023 年 12 月 28 日和 2024 年 1 月 2 日的分时图

5.3 不同时期的指标表现

在主力操盘的不同时期，各项技术指标都会给出相应的信息提示，比如前面案例中常使用的均线和成交量等，都能配合 K 线走势及筹码分布图形成共振，为投资者提供更多的分析参考。

本节就选取一些比较常见的指标，包括 MACD 指标、KDJ 指标、RSI 指标及布林指标，向投资者展示在实战中如何将其与筹码分布图和 K 线走势结合进行分析、决策。

5.3.1 建仓期 MACD 底背离

在学习主力建仓期 MACD 指标的特殊形态之前，投资者需要先行了解什么是 MACD 指标，以及 MACD 指标包含的基本元素、基础用法等。

MACD 指标全称为指数平滑异同移动平均线，主要由快线 DIF、慢线 DEA、零轴和 MACD 柱状线构成，如图 5-24 所示。

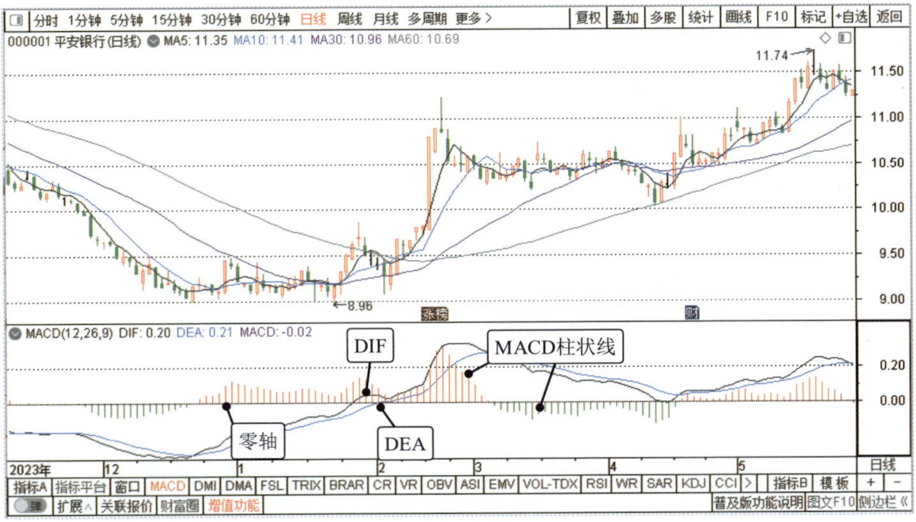

图 5-24　MACD 指标基本构成

其中，DIF 和 DEA 两条指标线会跟随股价的变动而产生变化，DEA 即经过平滑处理后的 DIF，所以，其反应速度和敏感程度都不如 DIF。

因此，在股价拐头向上或向下时，DIF 总是先于 DEA 发生变动，由此就会向上突破或向下跌破 DEA，形成交叉形态，这就是实战中极为常用的 MACD 指标的黄金交叉和死亡交叉。

除了指标线外，零轴也是 MACD 指标中的关键组成部分，它往往被视作多空分界线。

当股价处于明显下跌状态或是持续走弱时，MACD 的两条指标线就会下滑甚至跌落到零轴之下。这就叫进入空头市场，意味着市场短期杀跌或长期看跌，大部分时候是不适合投资者参与的。当然也有例外，那就是 MACD 指标的背离情况。

反之，当股价拐头向上或是长期处于积极上升状态时，MACD 指标线又会跟随上行，突破零轴来到零轴之上。这叫进入多头市场，说明市场开始积极看好，大部分时候是适合投资者介入做多的。

MACD 柱状线则是在 DIF 和 DEA 的基础上计算得来的，当 DIF 运行到 DEA 上方，MACD 柱状线就会呈现为红色，并随着两条指标线之间距离的拉大而不断向上延伸；相反，当 DIF 运行到 DEA 以下，二者产生交叉的同时，MACD 柱状线就会由红转绿，并随着指标线之间距离的增大而向下延伸。

因此，一旦股价涨势有所减缓，甚至是涨速降低了一些，无法继续推动 DIF 继续上扬并远离 DEA，MACD 红柱就会出现走平甚至缩短，这被称为缩头，是股价可能即将遇到阻碍的表现。

相反，当股价跌势减缓，市场买方开始发力建仓时，DIF 就可能走平并与依旧下行的 DEA 拉近距离，使得 MACD 绿柱出现缩短，也就是抽脚，股价后续可能横向震荡或是反弹。

以上就是 MACD 指标包含的各种元素的含义及最基础的用法，投资者可以根据指标线与零轴之间的位置关系来判断当前行情的强弱与否，甚至还可以直接通过指标线对零轴的穿越形态来确定买卖点。

本节要重点介绍的是主力建仓期间，MACD 指标与 K 线的底部背离形态。MACD 指标与 K 线走势的背离形态十分常见，无论是柱状线还是指标线，在某些特殊情况下都难免与股价走势不匹配。尤其是在顶底反转的位置，MACD 指标的背离形态更能体现出绝佳的辅助研判效果。

MACD 指标底背离指的是股价在持续下跌的过程中低点下移，但 DIF 的低点却反而上移的背离形态，如图 5-25 所示。

技术图示 MACD 指标底背离

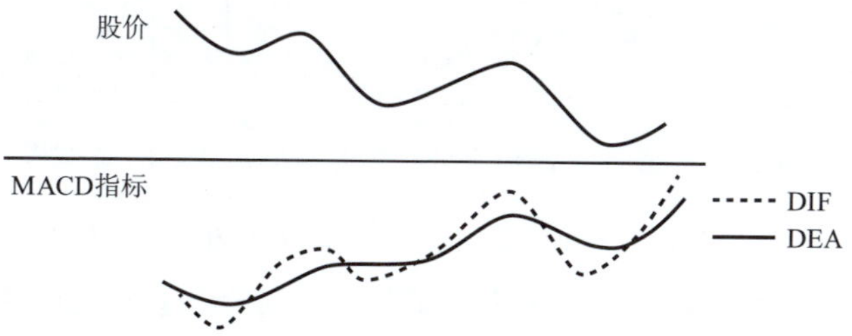

图 5-25　形态示意图

这是股价即将下跌触底，后市有机会形成强势反弹甚至行情反转的表现，属于看涨形态。不过投资者最好还是在股价彻底反转上涨之后再买进，底背离形成期间买进的成本虽然低，但风险较大。

一般来说，只要股价和 MACD 指标线有一个点位运行方向不匹配，就可以认定为底背离形成了。

但如果背离出现后股价还在继续下跌，MACD 指标线依旧低点上移，那么即便底背离的反转信号没有立即得到体现，其预示效果也一直存在，只是股价回升的位置更难确定，投资者需结合其他技术形态分析，比如筹码分布图中的低位密集形态、向上发散形态等。

下面来看一个实际案例。

实例分析 华谊兄弟（300027）建仓期间的 MACD 底背离

图 5-26 为华谊兄弟 2019 年 12 月至 2020 年 4 月的 K 线图。

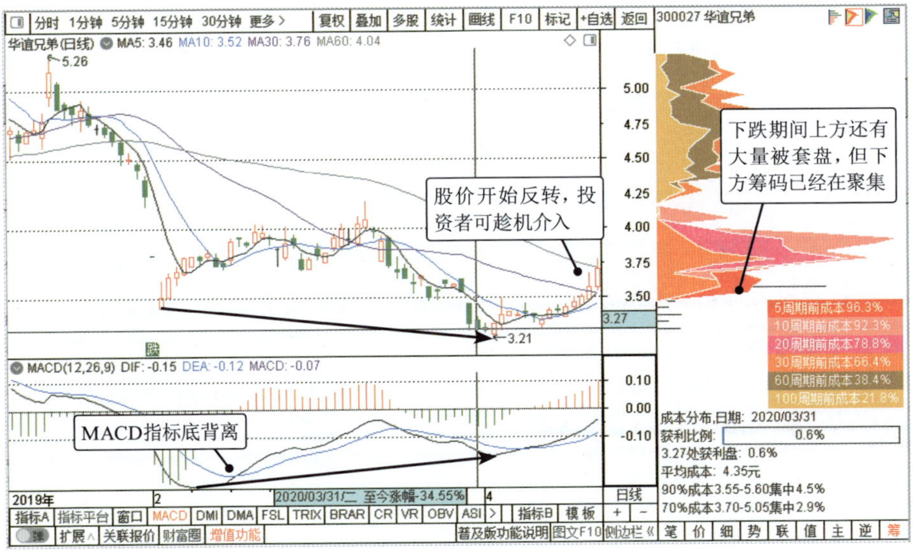

图 5-26 华谊兄弟 2019 年 12 月至 2020 年 4 月的 K 线图

在 2019 年 1 月下旬，华谊兄弟的股价正从 5.26 元的高处向下跌落，一路击穿中长期均线的支撑后，跌速越发加快，到后来甚至是以连续跌停的方式进行，一直落到 3.50 元的位置才止跌收阳。而此时的 MACD 指标也一路向下跌破零轴，进入空头市场之中，预示着当前行情不容乐观，投资者需要在场外保持观望。

不过好在价格后续很快便形成了一波反弹，但反弹的高度并不尽如人意，股价只是小幅突破了 30 日均线高点，还未接近到 60 日均线便受压下跌，一路跌穿 30 日均线，来到最低 3.21 元的位置。

此时再看 MACD 指标可以发现，随着股价的上下波动，指标线也随之上下震荡。然而当价格跌破前期低点时，MACD 指标中 DIF 的低点却相较于前期来说有明显抬升，由此与股价之间形成了一个清晰的底背离形态。

这虽然是一种短期看跌、长期看涨的积极信号，但观察此时的筹码分布图可以发现，虽然下方已经聚集了不少筹码，但是上方还有大量的被套盘没有卖出，这将会对股价的拉升形成一定的压力。因此，投资者并不能完全确定后续价格是否能直接进入上涨或者是强势反弹之中。因此，谨慎型的投资者可以继续保持观望，激进型的投资者可以尝试清仓抄底。下面来看后续的走势。

图 5-27 为华谊兄弟 2020 年 2 月至 9 月的 K 线图。

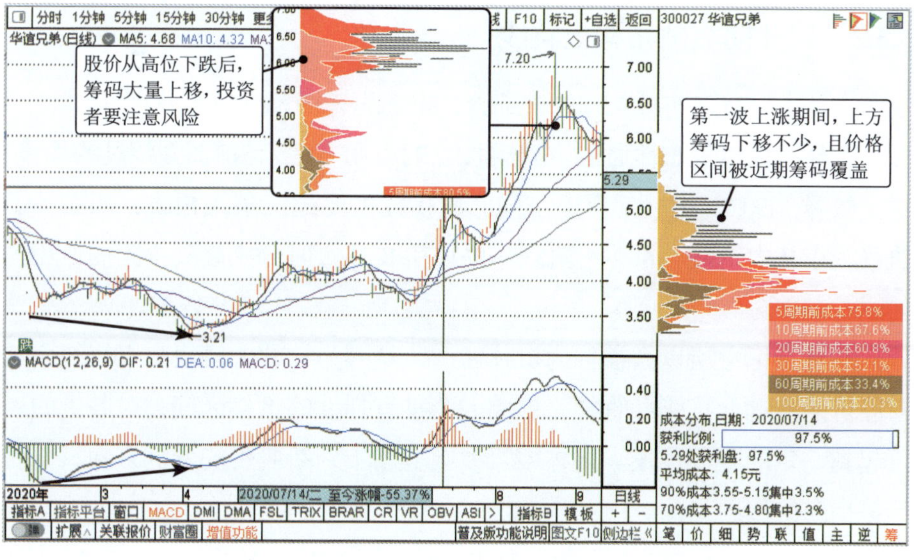

图 5-27 华谊兄弟 2020 年 2 月至 9 月的 K 线图

从图 5-27 中可以看到，在 4 月上旬，股价一路坚定地向上攀升，很快便成功突破两条中长期均线，拉出了第一波上涨，高点在 4.50 元的位置受阻后回落。此时的 MACD 指标也已经成功向上突破零轴进入多头市场之中，说明市场看多情绪占据上风。股价此次的回调没有跌破30日均线，也证实了上涨趋势可能即将稳定下来，投资者可尝试介入。

在后续，价格稍有回落并跌破60日均线，但很快便在3.50元价位线上方得到支撑，并拉出又一波快速的上涨。

随着时间的推移，筹码也在持续向上发散，原本聚集的被套盘逐渐向当前位置转移，并被近期筹码覆盖，说明市场整体向好。此时的MACD指标也大部分时间都运行在零轴之上，呈现出积极状态，短线投资者可采取分段操作的方式盈利。

中长线投资者则可以根据MACD指标在零轴上方的波动表现，以及筹码分布图中的各种密集形态来决定何时卖出。比如当价格在8月底创出7.20元的新高后反转下跌靠近30日均线时，筹码分布图中就显示低位筹码大量向上转移，并形成了明显的密集。再加上当前价格涨幅已高，投资者要注意反转风险，进而及时止盈撤离。

5.3.2 拉升期突破布林上轨线

布林上轨线是布林指标的一部分，下面先来简单介绍布林指标。

布林指标也称布林通道、布林线，它的应用方法，与前面介绍过的均线、成交量及MACD指标都有所不同。该指标主要由三条线构成，即布林上轨线、布林中轨线和布林下轨线，叠加在K线上时分别起到不同的作用，如图5-28所示。

布林指标之所以会被称为布林通道，是因为它的上轨线和下轨线会随着股价的变动而扩张和收缩，形成一个具有弹性的价格区间，对股价的运行起到一定的限制作用。布林中轨线则多用于判断股价的变盘方向，起到趋势指向的作用。

一般来说，布林指标是默认放在副图指标窗口中使用的，图5-28中展示的用法是经过对指标公式的修改，方便投资者观察其结构，实战中投资者只需要让其显示在副图指标窗口中即可。

布林上轨线作为股票通道的上边线，主要负责限制股价的涨幅。在大部分时候，股价上涨靠近布林上轨线之后都会在某一位置受压下跌。如果股价涨幅稍大，有越过原有布林上轨线的趋势时，布林上轨线还会根据股价的上涨情况进行适当的高度调整，确保能够将股价包覆在布林通道内。

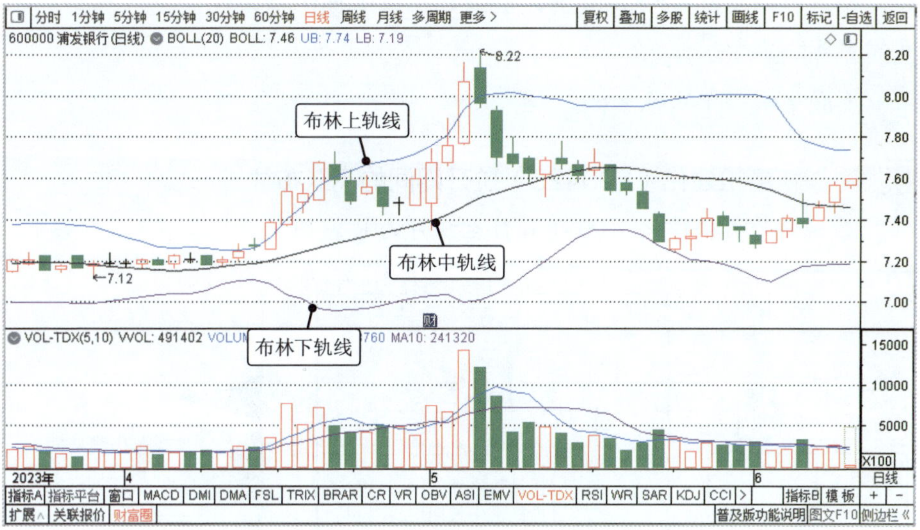

图 5-28 K 线图中的布林指标

但是，并不是所有时候布林上轨线的扩张都能跟上股价的涨速，在有些情况下股价短期涨速过快时，布林上轨线是有可能被突破的，只是持续时间不会太长，布林上轨线会迅速上扬，重新将股价压制回布林通道内，这被称为飞跃布林线，如图 5-29 所示。

技术图示 飞跃布林线

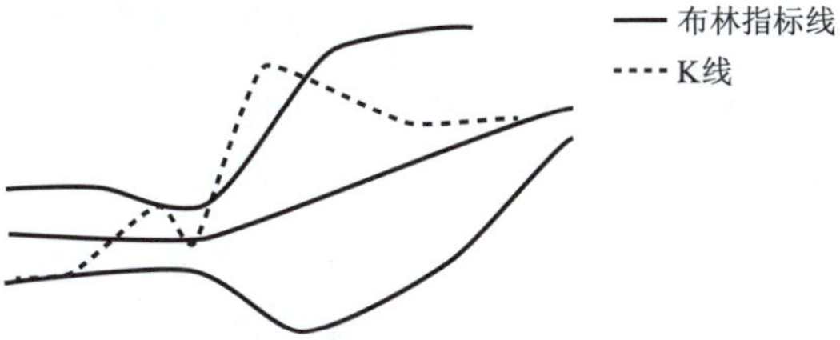

图 5-29 形态示意图

显然，出现在股价拉升期的飞跃布林线是股价短期涨幅惊人，市场推涨积极程度较高的表现。主力在其中起到的作用就是大量注资抬价，为市场定下一个看涨基调，因此，属于明确的买进信号。

但需要注意的是，投资者需要借助筹码分布图中的仓位分布来确定股价是否已经上涨到较高位置，主力是否可能在出货，以免踏入其刻意制造的多头陷阱中。

下面来看一个实际案例。

实例分析 青松建化（600425）拉升期间的飞跃布林线

图 5-30 为青松建化 2020 年 6 月至 9 月的 K 线图。

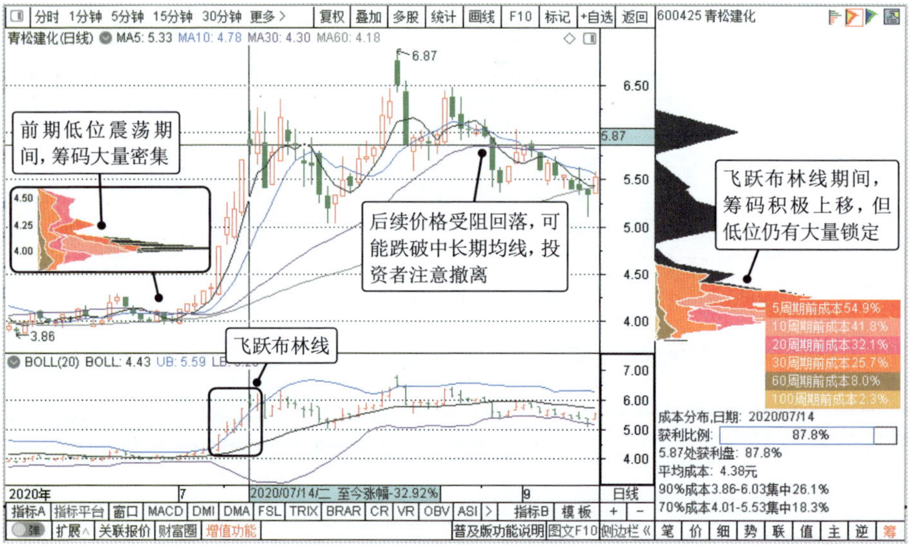

图 5-30 青松建化 2020 年 6 月至 9 月的 K 线图

在青松建化的这段走势中，2020 年 6 月期间，股价长期在中长期均线附近横盘窄幅震荡，导致筹码大量低位密集。而在布林指标中，布林通道也紧缩在 K 线附近，其间并没有表现出明显的看涨迹象，因此，投资者还需观望。

到了 7 月初，股价突然迅速向上收阳拉升，并成功突破到均线组合上方。此时的布林指标中显示，由于股价上升速度过快，布林通道中的上轨线并没能完全扩张并覆盖住 K 线，由此形成了一个飞跃布林线形态。

由理论可知，这是一个清晰的短期看涨信号。而且在价格上涨的过程中，筹码分布图中显示有大量黑色近期筹码向上发散转移，但低位还有部分筹码锁定，说明市场中有主力的仓位在等待卖出时机，后续价格还有上涨潜力，投资者可迅速介入并保持持有。

从后续的走势中可以看到，该股在 6.50 元价位线下方不远处受阻后小幅回调，低点在 30 日均线上得到支撑，随后便再度向上攀升。

然而此次价格也只是小幅突破了 6.50 元的关键压力线，后续就再次下跌，并且反弹突破前期高点失败，最终直接向下击穿了 60 日均线。在布林指标中也显示，此时的 K 线跌到布林中轨线下方，表现出明显的短期看跌信号，投资者最好将前期仓位卖出，保住收益。

5.3.3 震仓期 RSI 不破回档线

RSI 指标是根据市场供求平衡的原理，通过测量某一期间内股价上涨总幅度占股价变化总幅度平均值的百分比，评估多空力量的强弱程度，进而提示具体操作。该指标也由三条指标线构成，具体如图 5-31 所示。

图 5-31 RSI 指标的构成

RSI 指标线是有波动范围限制的，三条指标线的范围都是 0 ～ 100，其中 30 ～ 70 为常规运行区域，以 50 线为多空分界线；30 线以下称为超卖区，当指标线运行到此区间内，意味着股价短期跌幅较深，市场处于超卖状态，短期看跌；70 线以上称为超买区，当指标线运行到此区间内，意味着股价短期涨幅可观，市场处于超买状态，短期看涨。

在指标波动范围内存在多条关键支撑线，比如 50 线、30 线、20 线等。除此之外，还有一组被称为多头回档防线的支撑线，可以帮助投资者分段减仓，或是提醒不同风险承受能力的投资者及时出局。

多头回档防线主要指的是 50 线、40 线和 30 线这三条，RSI 指标每破位一条防线，卖出信号就更强烈一分，如图 5-32 所示。

技术图示 股价在跌停板附近震荡

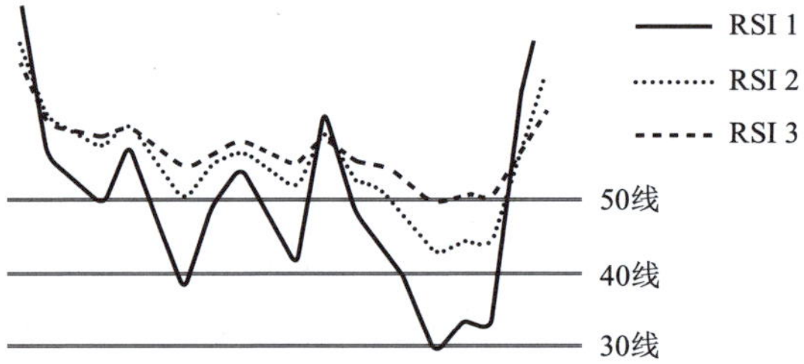

图 5-32　形态示意图

但如果股价能够在这几条线上得到支撑并回升，股价又没有跌破关键价位线，那么这段下跌就有可能是主力震仓导致的。因此，当投资者观察到回升迹象出现时，就可以重新建仓跟进。

实例分析 珠海港（000507）震仓期间的 RSI 回档支撑

图 5-33 为珠海港 2021 年 4 月至 8 月的 K 线图。

在图 5-33 中，珠海港的股价正长期处于上涨行情中，两条中长期均线基本一直支撑在 K 线下方，因此，吸引了不少投资者介入做多。不过在 2021 年 5 月底，股价于 6.50 元价位线下方不远处受阻后便小幅回调低点，落在 60 日均线上不断震荡。

观察此时的 RSI 指标可以发现，回调震荡期间，三条指标线都向下靠近并相继接触甚至跌破 50 线。当 K 线在上方击穿 30 日均线时，最灵敏的一条指标线甚至都小幅跌破了 30 线。

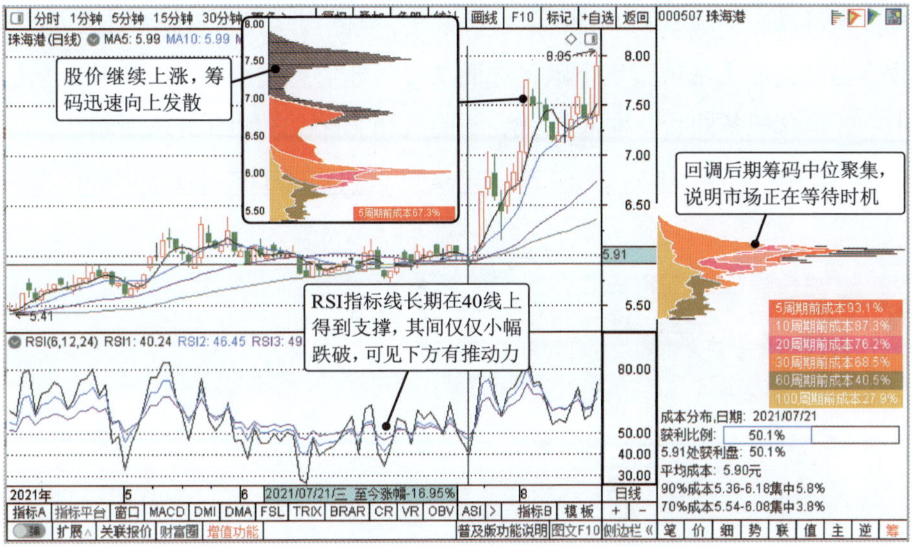

图 5-33　珠海港 2021 年 4 月至 8 月的 K 线图

不过随着股价在关键支撑线上的企稳和震荡，指标线小幅回升到 40 线上方长期波动，这条回档线也对指标起到了明显的支撑作用。同时，结合 K 线图中中长期均线的支撑性来看，该股应当只是在进行一次回调整理，主力正在震仓，个股后续还有上涨潜力，投资者可保持观望。

在 7 月下旬，股价仍旧处于 6.00 元价位线附近横盘震荡。此时的筹码分布图中显示大部分的筹码都已经向中间聚拢在当前价格区间内，说明市场正在等待时机。

数日之后，股价突然收出超长实体的阳线，向上拉出看涨信号。同时，RSI 指标线也迅速形成金叉后上行，积极信号清晰，等待时机的投资者此时可以立即买进。

从后续的筹码分布图中也可以看到，大量黑色近期筹码向上快速转移，但下方依旧有不少锁定筹码，说明市场高度看好该股，投资者可保持持有，但遇到高位反转迹象时也要注意及时卖出。

5.3.4　出货期 KDJ 顶背离

KDJ 指标的中文名称为随机指标，具有结构简单、应用简便等特点，投资者可以通过观察 KDJ 指标的运行情况，判断市场是否有超买超卖行为，股价是否过度上涨或过度下跌，进而结合其他信息作出相应的决策。指标中主要包含三条曲线，即 K 曲线、D 曲线和 J 曲线，如图 5-34 所示。

图 5-34　KDJ 指标基本构成

在这三条指标线中，J 曲线的变动幅度最大，灵敏度最高。K 曲线的变动幅度则稍小，灵敏度居中，很多技术形态都是由稳定性较好的 K 曲线完成的。D 曲线的变动幅度最小，灵敏度最低，具有一定的滞后性。

除此之外，KDJ 指标的三线总是会交叉于同一个点，每一次交叉之后，K 曲线依旧居中，但 J 曲线和 D 曲线的位置会发生变化。

此外，K 曲线和 D 曲线的波动范围在 0 ～ 100，但 J 曲线可以越过 0 线和 100 线。在 0 ～ 100 的主要取值范围内还有三大分区，其中 0 ～ 20 内为超卖区；20 ～ 80 内为常规运行区域；80 ～ 100 内为超买区。这三大分区的含义与 RSI 指标类似，这里不再赘述。

本节所介绍的 KDJ 指标的顶背离是指标线与 K 线结合形成的一种特殊高位反转形态，具体是指在行情高位 K 线高点不断上移的同时，KDJ 指标的高点（主要指 K 曲线）却出现明显下移的情况，如图 5-35 所示。

技术图示 KDJ 指标顶背离

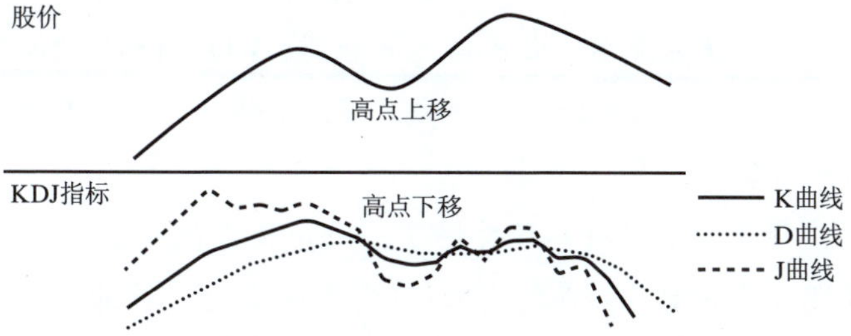

图 5-35　形态示意图

一般来说，KDJ 指标都是配合 K 线的走势涨跌的，之所以在高位形成顶背离，还是因为市场推动力不足，股价涨势变缓，导致 KDJ 指标提前发生了转向。

如果与此同时 K 线和筹码分布图中出现了主力出货的迹象，行情反转信号将更加强烈。因此，谨慎型的投资者最好及时借高出货，将收益兑现，惜售型的投资者也要适当减仓。

下面来看一个实际案例。

实例分析 天威视讯（002238）出货期间的 KDJ 顶背离

图 5-36 为天威视讯 2020 年 3 月至 10 月的 K 线图。

从天威视讯的这段走势中可以看到，在 2020 年 9 月之前，股价几乎一直都在中长期均线的上方运行，其间虽有不断的波动，但整体看来是积极向好的，由此也吸引了大量的投资者参与做多。但事实真的如此吗？下面来看 KDJ 指标的表现。

在 4 月底，股价第一波拉升于 7.00 元价位线附近受阻并回落，低点得到 30 日均线的支撑后继续向上攀升，筹码分布图中并没有明显的异常情况出现。而随着第一波上涨的进行，KDJ 指标迅速向上来到了 80 线上方，也就是超买区之内，说明市场看涨氛围浓厚，是投资者介入做多的好机会。

然而随着股价第二波上涨在 7.50 元价位线附近受阻后回落的步伐，KDJ 指标也逐步向下滑落到 80 线以下。其中 K 曲线的高点明显向下移动，由此与股价形成了初步的顶背离形态，说明市场推动力已经有些许不足，投资者要注意反转风险。

但是该股在落到 60 日均线后还能形成第三波上涨，由此也迷惑了不少投资者继续加仓。随着价格创出 8.44 元的新高，KDJ 指标随之再次上升。但当股价向下跌落时，K 曲线的高点再次下移，说明顶背离形态依旧在进行，并持续发出反转预警信号。

这时候投资者就要保持高度警惕了，因为股价在回落到 60 日均线后反弹的高点并没能突破前期。而随着 60 日均线逐步向 K 线靠近，变盘随时可能到来。如果短时间内股价没能有更好的表现，那么很可能就会顺着 KDJ 指标高点下移的走势击穿两条关键支撑线。

此时投资者再来观察筹码分布图可以发现，低位的筹码已经大量向上转移并聚集到当前价格区间内，呈现出高位密集状态。配合 KDJ 指标的持续下移发出了比较明确的预警信号，谨慎型的投资者最好先行撤离，以免被套。

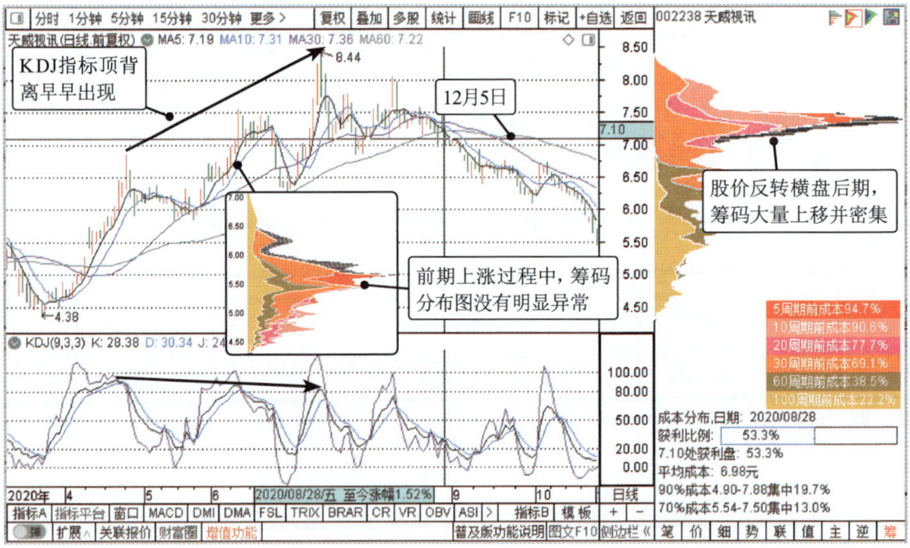

图 5-36　天威视讯 2020 年 3 月至 10 月的 K 线图

第6章

主力筹码分布进阶实战

实战练习是投资者学习技术分析的重要一环，理论终究需要应用到实盘演练中才能真正地融汇贯通。前面章节中的案例都是单独为某一知识点安排的示例，本章则不同，会选取两段连续性走势逐步进行分析，展示真实情况下的筹码分布表现和主力意图。

6.1 上升期跟随主力买卖

在牛市中跟随主力的步伐赚取收益是比较快速的方式，如果投资者能够借助筹码分布图或者技术指标抓住主力的建仓期和拉升期，将有可能获得超额盈利。但同时投资者也要注意分辨陷阱，避免高位被套。

下面就以常辅股份（871396）的一段牛市行情为例进行展示。

6.1.1 上涨初期跟上主力的步伐

上涨初期正是主力建仓和拉升的关键时期，也是投资者低位建仓后盈利的关键时期。如果能够抓住这一阶段的低价位筹码，投资者的获利空间将大大扩展。

实例分析 建仓期的快速拉升

图 6-1 为常辅股份 2023 年 8 月至 12 月的 K 线图。

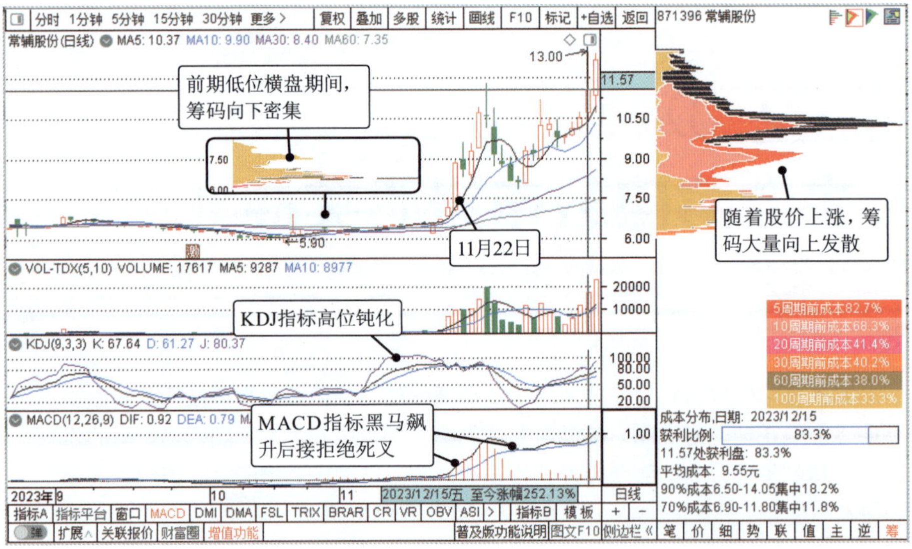

图 6-1　常辅股份 2023 年 8 月至 12 月的 K 线图

从图 6-1 中可以看到，常辅股份的股价在 2023 年 9 月至 11 月中旬期间都在中长期均线附近横盘震荡，其间 K 线实体普遍较小，并且成交量呈现出地量状态，说明市场积极性不高。

在股价震荡的同时，筹码分布图中也显示市场中大部分筹码都向当前价位线聚拢，形成了低位密集形态。而再看 KDJ 指标和 MACD 指标可以发现，它们的指标线基本都位于 50 线和零轴下方，说明市场看空情绪占据上风，因此，投资者不可轻易介入。

这样的走势一直持续到 11 月下旬，成交量突然开始放大并推动股价迅速上升。与此同时，KDJ 指标和 MACD 指标都相应形成了积极形态，其中 KDJ 指标的高位钝化是由于股价快速匀速上涨而形成的，MACD 指标的黑马飙升则指 MACD 红柱向上拉升并支撑 DIF 上扬，同样属于看涨信号。

除此之外，11 月 22 日的分时图中也出现了对应的买进信号。

图 6-2 为常辅股份 2023 年 11 月 22 日的分时图。

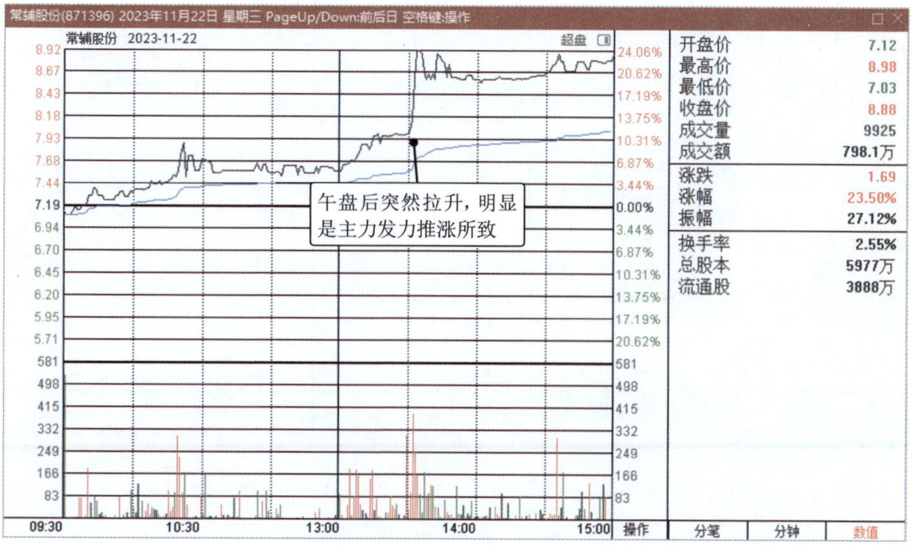

图 6-2　常辅股份 2023 年 11 月 22 日的分时图

从图 6-2 中可以看到，在早盘交易时间内，该股的走势都相对平淡，只是在稳步上涨而已。但在 13:30 之后，随着成交量的放大，股价线突然直线向上拉升，是明显的主力参与痕迹。结合外部走势来看，很有可能是主力建仓完毕，正在开启上涨的标志，那么投资者也可以迅速介入做多。

从 K 线图中后续的走势来看，随着股价的持续上涨，筹码开始大量向上发散，但低位仍有部分筹码锁定，后续还有上涨潜力，投资者可保持持有。

6.1.2 疑似深度回调及时撤离

在牛市行情中，深度回调是一种非常常见的走势，这说明主力正在震仓并且回笼部分资金，以减轻后市拉升压力。在此时投资者应该采取怎样的措施，还需要根据市场中的筹码表现和指标形态来确定。

实例分析 股价回调时主力的操作手法

图 6-3 为常辅股份 2023 年 12 月至 2024 年 3 月的 K 线图。

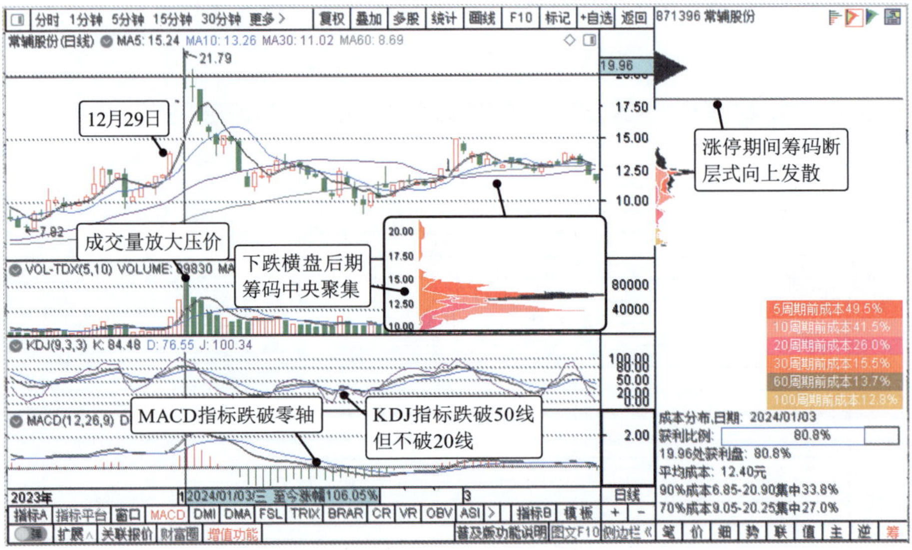

图 6-3 常辅股份 2023 年 12 月至 2024 年 3 月的 K 线图

从图 6-3 中可以看到，到了 2023 年 12 月底时，股价已经上涨到了 12.50 元价位线附近，在此受阻后小幅回调并得到 30 日均线支撑，随后继续向上拉升。12 月 29 日，股价向上成功突破了前期压力线，与此同时，盘中形成明显看涨迹象，下面来看分时图。

图 6-4 为常辅股份 2023 年 12 月 29 日的分时图。

从图 6-4 中可以看到，当日的股价走势与上一节中的十分相似，股价线都是在午盘之后才被突然放大的成交量推出直线上涨走势，说明主力正在发力推动，后续价格会再度拉升，投资者可尝试在此加仓。

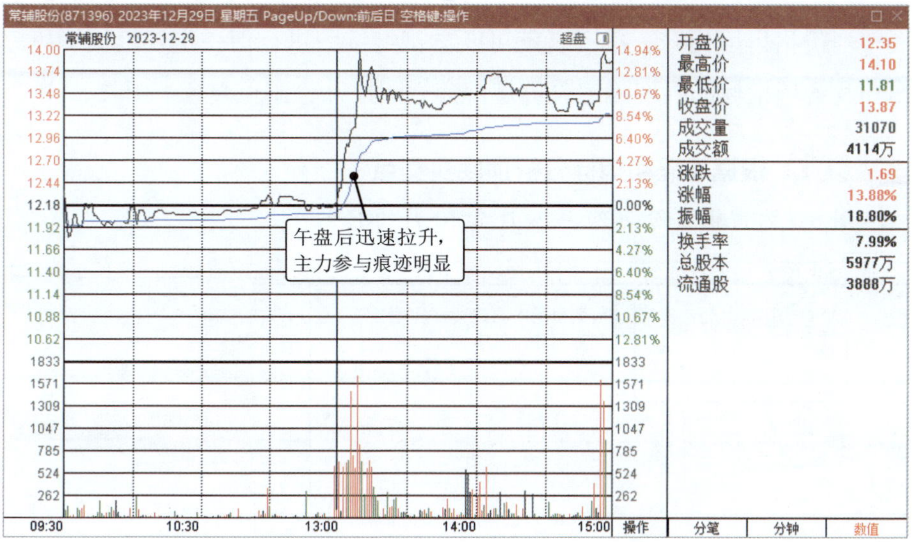

图 6-4 常辅股份 2023 年 12 月 29 日的分时图

接下来回到 K 线图中继续观察，该股在后续确实连续上涨并创出了 21.79 元的新高，短期涨幅还是非常可观的。但就在价格创新高的当日，K 线收出阴线，并且成交量明显放大压价。

而在筹码分布图中，涨停期间的筹码也出现了断层式的上移，下方锁定筹码几乎消失，此时投资者就要考虑主力是否可能在此阶段震仓或是借高出货了。

后续的走势也证实了这一点，该股连续下跌并击穿 30 日均线，后续反弹也没能越过该压力线，短期看跌信号强烈。

不过随后股价在接触到 10.00 元价位线后就得到支撑并小幅回升，其间 KDJ 指标显示指标线虽然跌破了 50 线，但没有彻底进入超卖区内。MACD 指标则小幅跌破零轴，并没有深入空头市场，该股可能还不会就此进入下跌行情之中，投资者可在卖出后保持观望。

当时间来到 2024 年 3 月，此时再看筹码分布图可以发现，大量筹码已经向中央聚集在当前价位线附近，并形成了密集单峰，说明市场大部分投资者都在保持观望，这也是一种比较明智的决策。

6.1.3 再次拉升与高位出货的信号

当价格再度拉升，投资者就可以尝试继续跟进，但一定要根据筹码分布图及各项指标的表现确定股价是否会立即拉升，避免被套半山腰。

实例分析 根据筹码和指标分析顶底买卖点

图 6-5 为常辅股份 2024 年 5 月至 10 月的 K 线图。

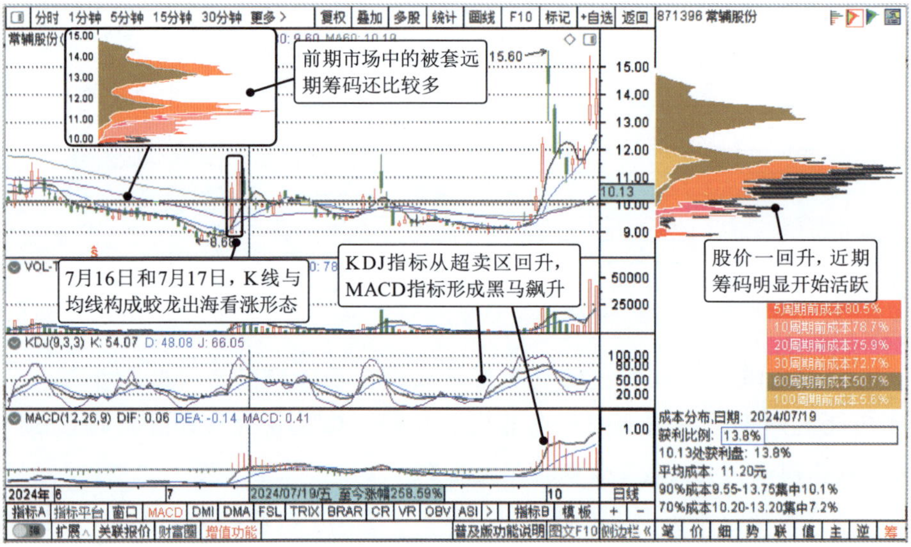

图 6-5 常辅股份 2024 年 5 月至 10 月的 K 线图

从图 6-5 中可以看到，该股在后续其实是一直保持下跌的，因为到了 2024 年 7 月中旬，股价已经来到了 9.00 元价位线附近，虽然跌幅不大，但是其间并没有什么盈利机会。因此，大量投资者已经撤离，还未卖出的投资者就会在筹码分布图中呈现为被套的远期盘。

7 月 16 日，成交量突然放大，并推动 K 线收出一根超长实体的阳线，自下而上突破了整个均线组合，并且次日也在收阳拉升。这是一种被称为蛟龙出海的看涨形态，往往出现在一些关键拉升的节点。下面来看其分时走势。

图 6-6 为常辅股份 2024 年 7 月 16 日和 7 月 17 日的分时图。

在 7 月 16 日和 7 月 17 日，成交量都有过明显的放大推动走势，说明主力正在积极拉升。结合 K 线图中蛟龙出海的形态及筹码分布图中明显开始活跃的近期筹码来看，可能是下一步上涨开启的标志，激进型的投资者可尝试轻仓介入。

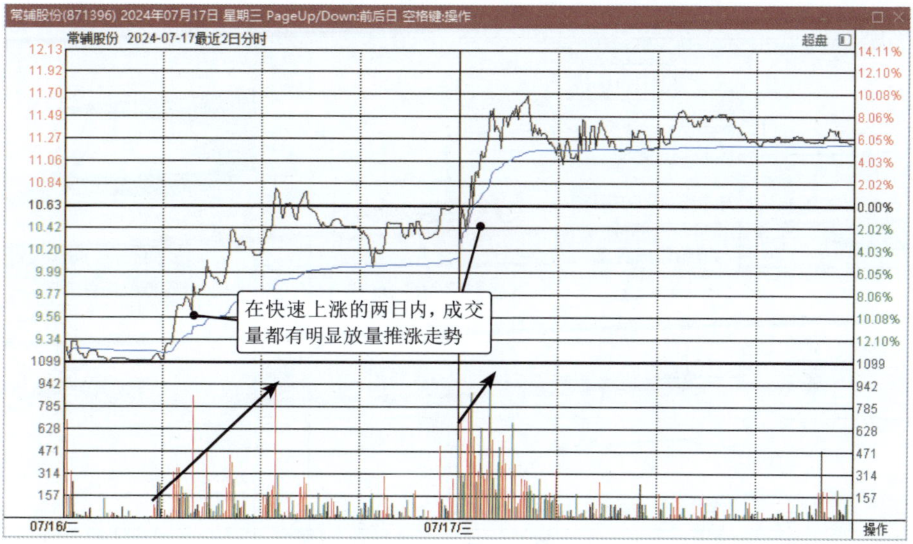

图 6-6 常辅股份 2024 年 7 月 16 日和 7 月 17 日的分时图

下面回到 K 线图中继续观察。该股虽然在两日内出现了迅速上涨，但是后期走势并不乐观。股价一路向下回落，跌到 9.00 元价位线上方不远处才企稳，说明主力很可能还在建仓，投资者要等待时机。

10 月初，股价终于出现了明显的上涨迹象，K 线连续收阳上冲，KDJ 指标从超卖区回升，MACD 指标也形成了黑马飙升形态，两个指标都形成了积极信号，此时投资者就可以迅速跟进盈利。下面来看后面的走势。

图 6-7 为常辅股份 2024 年 9 月至 2025 年 1 月的 K 线图。

从图 6-7 中可以看到，2024 年 10 月下旬，股价来到了 19.00 元价位线附近，此时的筹码分布图中显示近期筹码在积极上移，但低位仍有部分筹码锁定，市场保持看好。

但随着后续股价在此压力线附近的横盘震荡，成交量开始逐步缩减，KDJ 指标和 MACD 指标也在缓慢下滑。

然而，该股仍能够在 11 月下旬向上创出新高，由此就与高点下移的成交量、KDJ 指标和 MACD 指标都形成了顶背离，说明市场推动力已经不足，主力很有可能正在出货。而除此之外，两个关键交易节点的分时图中也有一些特殊形态可供分析。

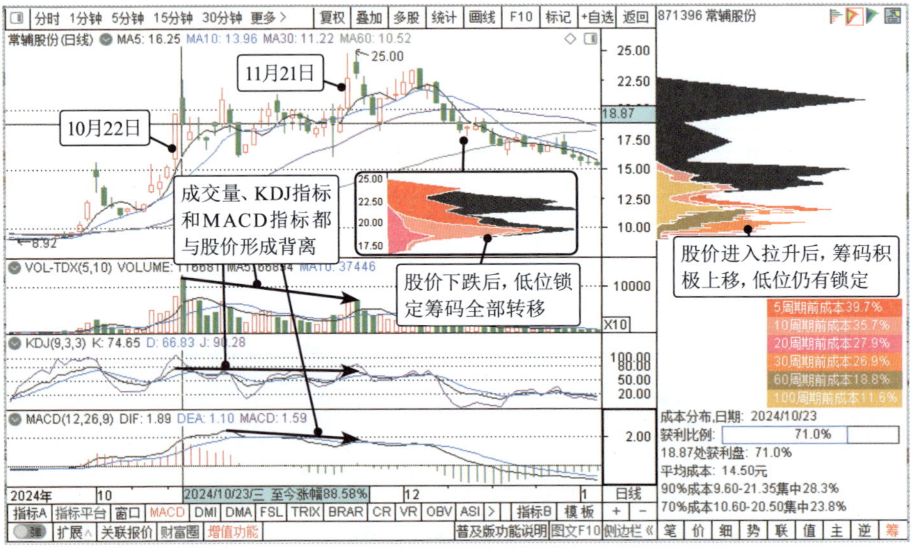

图 6-7　常辅股份 2024 年 9 月至 2025 年 1 月的 K 线图

图 6-8 为常辅股份 2024 年 10 月 22 日和 11 月 21 日的分时图。

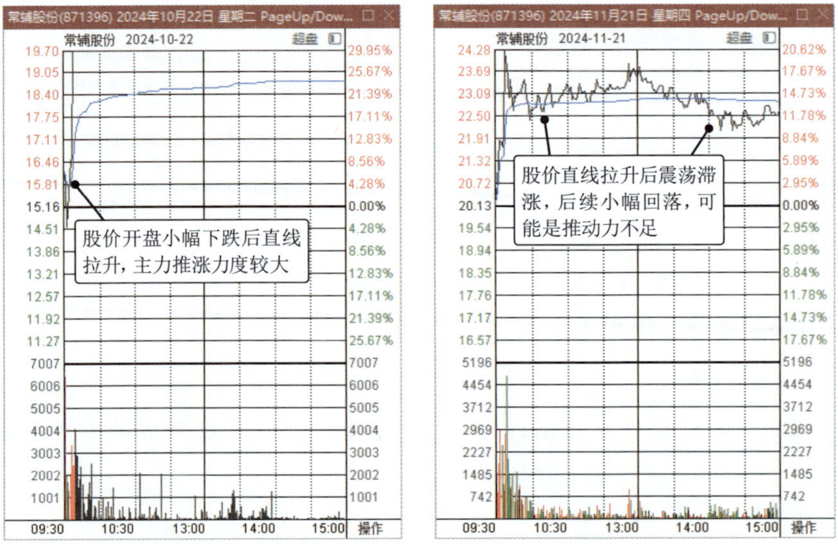

图 6-8　常辅股份 2024 年 10 月 22 日和 11 月 21 日的分时图

10 月 22 日是股价上升靠近 19.00 元价位线的交易日，盘中的直线拉升和成交量的巨量充分说明了主力的推涨积极性。

11 月 21 日则是股价创出新高的前一日，盘中显示虽然在开盘后成交量也有明显放大，并推动股价直线上涨，但很快该股就形成了冲高回落的走势，最终还跌破了均价线，以较低的价格收盘，明显是市场动力不足的表现，释放出的是预警信号。

结合外部走势来看，这很有可能意味着主力正在诱多出货，投资者要保持谨慎，必要时先行出局。

下面再回到 K 线图中观察，可以看到，该股在创新高后不久小幅回落到 30 日均线上，得到支撑后反弹，但反弹的高点明显没能突破前期，下一次下跌就直接击穿了两条中长期均线。筹码分布图中也显示低位锁定筹码全部向上转移，主力可能已经出货撤离，还没离场的投资者要抓紧时间。

6.2 下降期借助主力操作

在熊市行情中，主力最常做的就是借高盈利和下压建仓，有时候会导致价格形成较大的反弹，这就为投资者的盈利和止损计划提供了机会。本节选取泉为科技（300716）（现 ST 泉为）的一段熊市行情来向投资者解析。

6.2.1 高位出货注意定位卖点

在熊市行情开启时，主力必定会进行出货操作，前期跟随买进的投资者一定要学会分辨并及时卖出止盈。

实例分析 **出货期的筹码和指标表现**

图 6-9 为泉为科技 2023 年 1 月至 5 月的 K 线图。

从图 6-9 中可以看到，2023 年 2 月上旬，股价还处于积极上升状态，并导致 KDJ 指标形成高位钝化，MACD 指标也在持续深入多头市场之中，筹码分布图中显示近期筹码在积极向上发散。

然而在 2 月 13 日至 2 月 17 日期间，2 月 14 日、15 日和 16 日的 K 线形成了一个黄昏之星反转形态，下面来观察分时走势。

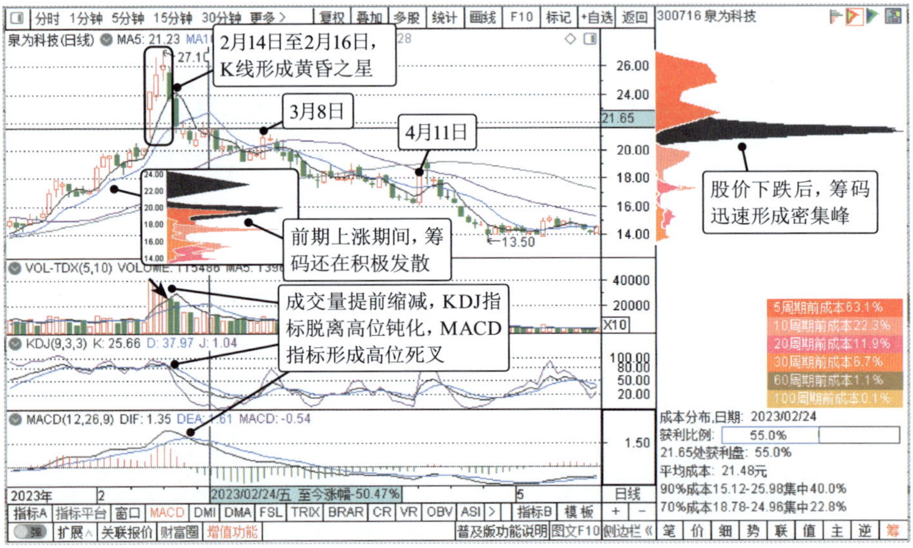

图 6-9　泉为科技 2023 年 1 月至 5 月的 K 线图

图 6-10 为泉为科技 2023 年 2 月 13 日至 2 月 17 日的分时图。

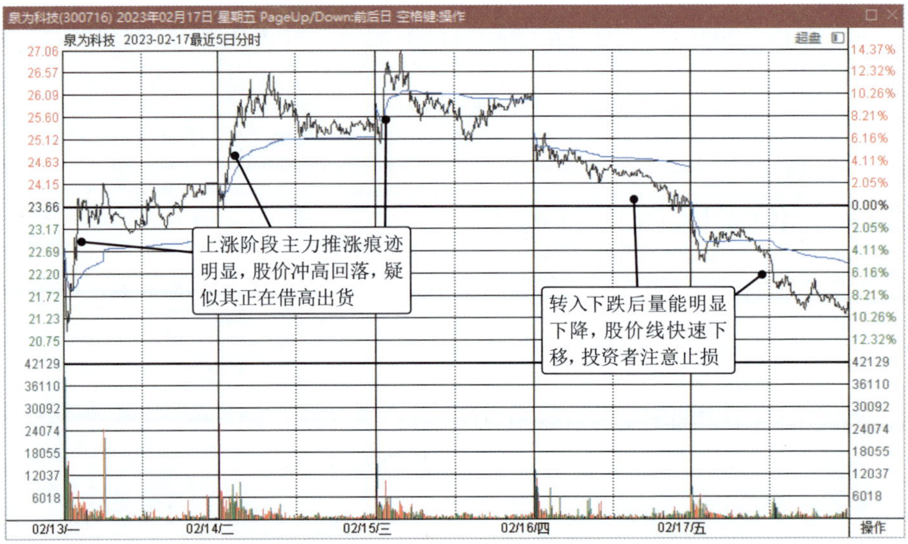

图 6-10　泉为科技 2023 年 2 月 13 日至 2 月 17 日的分时图

从图 6-10 中可以看到，在 2 月 13 日至 2 月 15 日，股价其实整体处于上涨中，但盘中都出现了明显的冲高回落走势，很有可能是主力在借高出货。

而后续两个交易日价格下跌速度非常快，同时成交量也有明显缩减，说明主力可能已经在前面几个交易日的上升中卖掉了大部分仓位。

回到 K 线图中观察，在反转形态出现的同时，成交量提前缩减，KDJ 指标脱离高位钝化，MACD 指标形成高位死叉后下行，这些形态和指标都传递出短期看跌信号，这时候投资者就要及时卖出了。

继续来看 K 线图后面的走势，股价在下跌一段时间后，筹码分布图中显示大量筹码迅速向中间转移，并形成密集峰，说明市场反应速度还是比较快的。

而在 3 月 8 日和 4 月 11 日，股价都出现过反弹迹象，但最终并不理想，下面观察分时走势来看主力的意图。

图 6-11 为泉为科技 2023 年 3 月 8 日和 4 月 11 日的分时图。

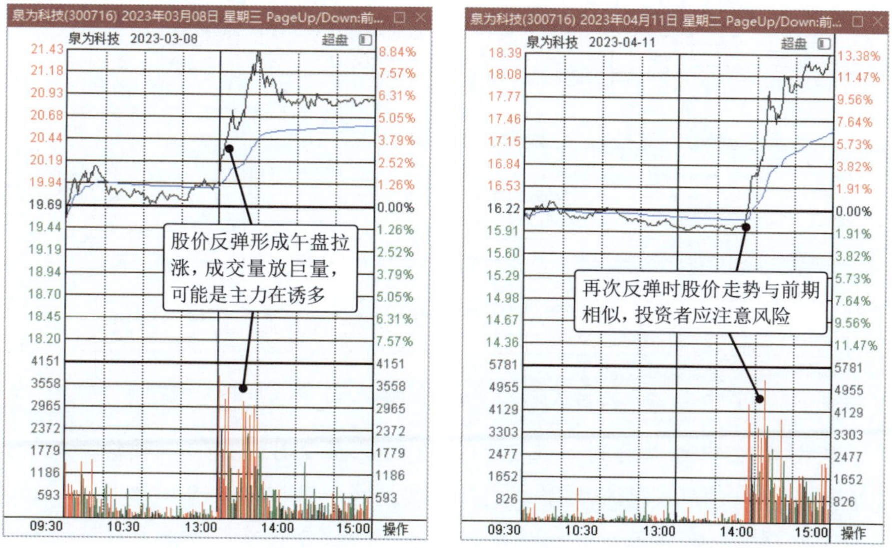

图 6-11　泉为科技 2023 年 3 月 8 日和 4 月 11 日的分时图

在这两张图中，股价都出现了前期横盘或小幅下跌，后续突然被放大的成交量推动上涨的走势。这种形态放到拉升期中是非常积极的买进信号，但是放到这种下跌行情中，就很有可能是主力在通过推高来引诱投资者再次介入，以接手自己散出的剩余筹码。不过对于被套投资者来说，这反而是一次借高止损的机会，但注意不能再次建仓。

6.2.2 强势反弹寻找时机

当股价下跌到一定程度并形成强势反弹时，投资者完全可以借助筹码分布图和K线形态及技术指标来抢反弹，被套投资者可以冲抵前期损失，场外投资者也可以实现熊市中的盈利。

实例分析 反弹期间参与盈利

图6-12为泉为科技2023年12月至2024年5月的K线图。

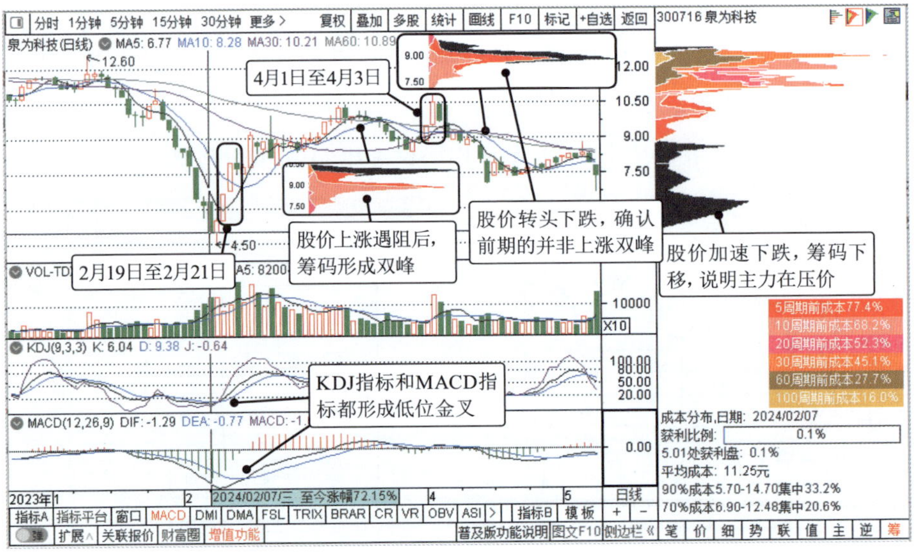

图6-12 泉为科技2023年12月至2024年5月的K线图

从图6-12中可以看到，在2024年1月底至2月初期间，股价下跌的速度非常快，并且是从横盘阶段突兀向下转折的。其间成交量明显放大，说明是主力在刻意压价建仓，后市可能会迎来一波强势反弹，甚至是上涨行情的开启。

2月初，股价在4.50元的位置触底后开始反转向上，并在2月19日和2月20日收出两根长实体阳线，下面来看2月19日至21日的分时图。

图6-13为泉为科技2024年2月19日至2月21日的分时图。

从图6-13中可以看到，在2月19日和2月20日，该股都是以涨停收盘的。在2月21日开盘之后，成交量有巨幅放大，说明有大量获利盘在涌出，其中可能也有主力回笼资金的盘面。但最终股价只是小幅回落，并没有下跌太多，说明市场支撑力较为充足，后续还有上涨机会，投资者可参与做多。

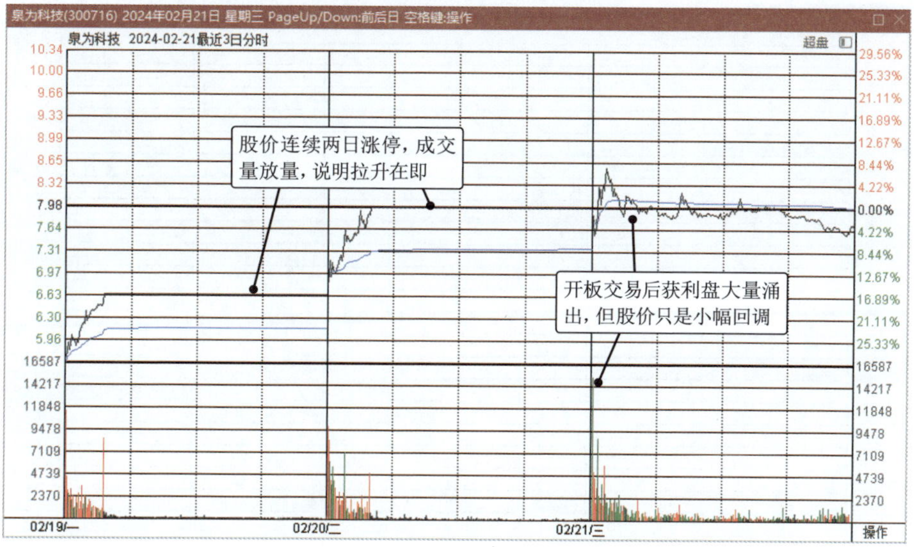

图 6-13　泉为科技 2024 年 2 月 19 日至 2 月 21 日的分时图

回到图 6-12 的 K 线图中观察，在股价上涨的同时，KDJ 指标和 MACD 指标都形成了低位金叉的看涨信号。

然而在后续价格在 10.50 元价位线附近受阻后就没能再有更好的表现，其间筹码分布图中也形成一个双峰形态。但接下来的走势也证明，这是一个虚假的上涨双峰形态，因为股价在 4 月初快速反弹时并没能突破这一关键压力线，下面来看这几个反弹交易日的分时走势。

图 6-14 为泉为科技 2024 年 4 月 1 日至 4 月 3 日的分时图。

从图 6-14 中可以看到，4 月 1 日的走势稍显平淡，但在 4 月 2 日，股价开盘后就出现了积极的直线拉升，同时成交量放量推动形成支撑，意味着主力正在发力，看似有推出新一波上涨的迹象。

但在后续，股价线创出当日新高后就开始回落整理，并且再次的上冲也没能有更好的表现。4 月 3 日股价更是开盘即下跌，更加预示出反转信号。

回到图 6-12 的 K 线图中可以看到，当价格回落并击穿两条中长期均线时，筹码分布图中的双峰也聚集向下形成了单峰，对价格形成了强烈压制，说明此次反弹已经结束，股价短时间内很难再次拉升，投资者需要注意卖出。

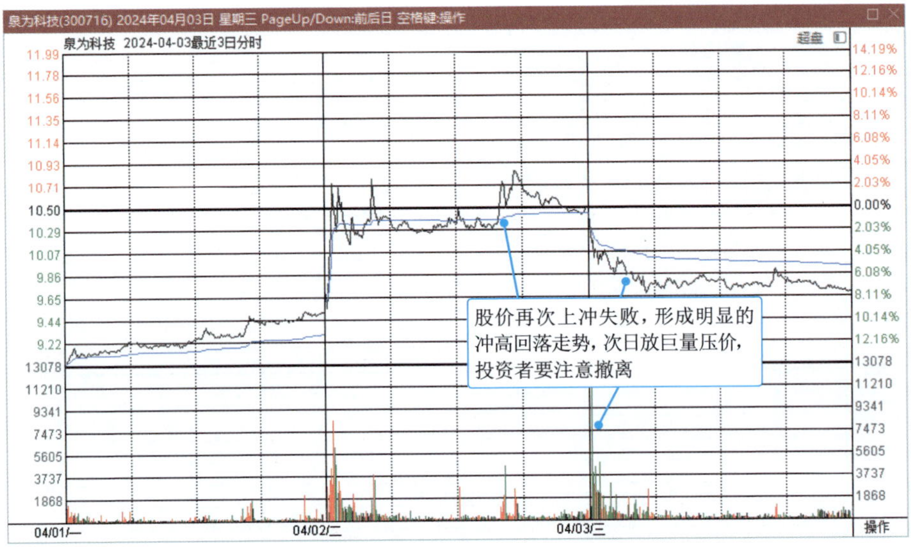

图 6-14 泉为科技 2024 年 4 月 1 日至 4 月 3 日的分时图

本书关于主力操作手法及筹码分布图的解析到此就结束了，这里再次提醒各位投资者，书中的理论内容仅从知识的角度进行解析，不能被当作某种定律使用，投资者切忌盲目跟随操作，而是要与实际情况结合来灵活分析。